古書疑義舉例五種

俞樾等著

中華書局

圖書在版編目(CIP)數據

古書疑義舉例五種/俞樾等著. —北京:中華書局,1956.1(2023.5 重印)
ISBN 978-7-101-04577-2

Ⅰ.古… Ⅱ.俞… Ⅲ.訓詁 Ⅳ.H131

中國版本圖書館 CIP 數據核字(2005)第 008219 號

責任印製:陳麗娜

古書疑義舉例五種
俞　樾等 著
*
中 華 書 局 出 版 發 行
(北京市豐臺區太平橋西里 38 號　100073)
http://www.zhbc.com.cn
E-mail:zhbc@zhbc.com.cn
三河市宏盛印務有限公司印刷
*
850×1168 毫米 1/32・9¾印張・2 插頁・163 千字
1956 年 1 月第 1 版　2005 年 4 月第 2 版
2023 年 5 月第 11 次印刷
印數:51801-52800 册　定價:40.00 元

ISBN 978-7-101-04577-2

古書疑義舉例五種總目

古書疑義舉例

古書疑義舉例序

夫周、秦、兩漢，至於今遠矣。執今人尋行數墨之文法，而以讀周、秦、兩漢之書，譬猶執山野之夫，而與言甘泉、建章之巨麗也。夫自大小篆而隸書，而眞書，自竹簡而縑素，而紙，其爲變也屢矣。執今日傳刻之書，而以爲是古人之眞本，譬猶聞人言筍可食，歸而煮其簀也。嗟夫，此古書疑義所以日滋也歟！竊不自揆，刺取九經諸子，爲古書疑義舉例七卷，使童蒙之子，習知其例，有所據依，或亦讀書之一助乎？若夫大雅君子，固無取乎此。

俞樾記。

古書疑義舉例目錄

卷一

卷二

卷五

古書疑義舉例

清　德清　俞　樾

卷　一

一　上下文異字同義例

古書有上下文異字而同義者。孟子公孫丑篇：「有仕於此而子悅之，不告於王而私與之吾子之祿爵；夫士也，亦無王命而私受之於子。」按：「有仕於此」之「仕」，卽「夫士也」之「士」。「夫士也」，正承「有仕於此」而言。「士」，正字，「仕」，叚字，是上下文用字不同而實同義也。

論語衞靈公篇：「臧文仲其竊位者與？知柳下惠之賢而不與立也。」按：古文「位」、「立」同字。此章「立」字當讀爲「位」，不與立卽不與位，言知柳下惠之賢而不與之祿位也。上文「竊位」字作「位」，下文「不與位」字作「立」，異文而同義也。

莊元年左傳：「築王姬之館于外。爲外，禮也。」按：「爲外，禮也，」猶曰「于外，禮也。」古「于」、「爲」義通。鄭注士冠禮曰：「『于』，猶『爲』也。」然則「爲」亦猶「于」也，此舉經文而釋之。若但曰「禮也」，疑若通言築之爲得禮，而無以明築于外之爲得禮；故疊「于外」二字，乃舉經文作「于外」，而傳文自作「爲外」，亦異文而同義也。

周書太子晉篇：「遠人來驩，視道如咫。」又曰：「國誠寧矣，遠人來觀。」按：「觀」，正字也；「驩」，叚字也。亦上下文之用字不同者。

荀子宥坐篇：「詩曰：『瞻彼日月，悠悠我思；道之云遠，曷云能來？』子曰：『伊稽首不其有來乎？』」按：「首」字當讀爲「道」。周書芮良夫篇：「予小臣良夫稽道。」羣書治要作「稽首」。是「道」與「首」古字通。稽者，同也。堯典正義引鄭注曰：「稽，同也。」詩言「道之云遠，曷云能來？」孔子言道苟同，則雖遠亦來矣，故曰「伊稽道不其有來乎？」蓋借詩言而反之。若唐棣之詩也，因叚「首」爲「道」，遂莫知其卽爲上文「道」字，而注者曲爲之說，致失其義矣。

商子兵守篇：「給從從之，不洽而熯之，使客無得以助攻備。」按：上「從」字下有闕文，下「從」字當在不洽之下，「洽」亦當爲「給」，古字同聲而通用也。此文當云「給從而口之，不給從而熯之。」蓋承「發梁撤屋」而言，所發所撤，其材尚可作它用。若其力有餘，則取之而歸；若力不足，則從而熯之，無使爲敵用也。給與不給，反復相明：乃上用「給」字，下用「洽」字，又有闕文，讀者遂不知爲何語矣。呂氏春秋辯士篇：「必厚其靹。」又曰：「其靹而後之。」按：「後」與「厚」同義。釋名釋言語曰：「厚，後也。」上言厚，下言後，亦異字同義之例。

二　上下文同字異義例

古書亦有上下文同字而異義者。禮記玉藻篇：「既搢必盥，雖有執於朝，弗有盥矣。」上「有」字乃有無之「有」，下「有」字乃「又」字也；言雖有執於朝，不必又盥也。論語公冶長篇：「子路有聞，未之能行，惟恐有聞。」上「有」字乃有無之「有」，下「有」字亦「又」字也；言有聞而未行，則惟恐又聞也。

尙書微子篇：「降監殷民，用乂讎斂，召敵讎不怠。」按：釋文曰：「讎，如字；下同。」此依傳義作音也。又曰：「徐云鄭音疇。」是鄭注上讎字與下讎字異義。鄭於上讎字蓋讀爲疇，故徐云鄭音疇也。「乂」與「刈」通。「降監殷民，用乂讎斂，」言下視殷民，方用刈穫之時，計疇而斂之也。孟子盡心篇趙注曰：「疇，一井也。」殷制用助法，上所應得者，惟公田所入耳。此云「嚋斂」，則是按井而斂之，所取不止於公田，殆紂時所加賦歟？枚傳不知上下兩讎字文同義異，致失其解。又，酒誥篇：「朝夕曰，祀茲酒，惟天降命，肇我民，惟元祀。」按：上祀字讀爲「已」，周易損：「初九，已事遄往。」釋文曰：「已，虞作祀。」是「祀」與「已」古字通也。已者，止也。已茲酒者，止此酒也。「已茲酒，惟天降命，」此二句乃倒句，猶言惟天降命止此酒，蓋重其事，故託之天命也。「肇我民，惟元祀，」言與民更始，在此元祀。元祀者，文王之元年，蓋文王初受命，卽有止酒之誥，故云然耳。枚傳不知上下兩祀字異義，致失其解，皆由不知古書有同字異義之例也。

詩文王有聲篇：「既伐于崇，作邑于豐。」按：下「于」字乃語詞，上「于」字則「邘」之叚字也。史記載虞、芮決獄之後，明年伐犬戎，明年伐密須，明年敗耆國，明年伐邘，明年伐崇侯虎而作豐邑，是伐邘、伐崇，與作豐邑事適相連。故詩人詠之曰：「既伐邘、崇，作邑于豐」也。「邘」作「于」者，古文省，不從邑耳。今讀兩「于」字竝爲語詞，則下句可通；上句既伐于崇，文不成義矣。

三　倒句例

古人多有以倒句成文者，順讀之則失其解矣。僖二十三年左傳：「其人能靖者與有幾？」昭十九年：「諺所謂室於怒市於色者。」皆倒句也。

周易震：「六二，億喪貝。」釋文引鄭云：「十萬曰億。」梁氏玉繩瞥記曰：「億喪貝乃倒文，與莊子在宥篇『萬有億喪』同一句法。」禮記檀弓篇：「蓋殯也，問於郰曼父之母。」高郵孫氏濩孫檀弓論文曰：「此二句乃倒句也。蓋殯淺而葬深，孔子之父實殯於五父之衢，而見之者皆以爲葬，孔子不敢輕啓父墓而遷葬，乃其愼也。及問於郰曼父之母始得其實，當云『問於郰曼父之母，蓋殯也。』故作倒句以取曲折耳。」按：此二義，余著羣經平議，均不之從。然倒句成文，則古書自有之，亦存其說以備一解。

詩人之詞必用韻，故倒句尤多。桑柔篇：「大風有隧，有空大谷。」言大風則有隧矣，大谷則有空矣。今作「有空大谷」，乃倒句也。說詳王氏經義述聞。節南山篇：「弗聞弗仕，勿罔君子；式夷式已，無小人殆。」言勿罔君子，無殆小人也。「無」，猶勿也，「罔」與「殆」義相近，論語亦以「罔」「殆」對文可證。今作「無小人殆」，乃倒句也。說詳余所著羣經平議。

孟子盡心下篇：「若崩，厥角稽首。」按：漢書諸侯王表：「厥角稽首。」應劭曰：「厥者，頓也。角者，額角也。稽首，首至地也。」其說簡明勝趙注。「若崩」二字，乃形容厥角稽首之狀。蓋紂衆聞武王之言，一時頓首至地，若山冢之崒崩也。當云「厥角稽首若崩」，今云「若崩厥角稽首」，亦倒句耳。後人不得其義，而云稽首至地，若角之崩，則不知角爲何物，失之甚矣。

墨子非樂上篇：「啓乃淫溢康樂，野于飲食。」按：「野于飲食」，卽下文所謂「渝食于野」也。與左傳「室於怒市於色」句法正同。畢氏沅校本疑「野于」當作「于野」，蓋誤連康樂二字讀之，亦由不達古書之例，失其讀，并失其義矣。

史記樂毅傳：「薊丘之植，植於汶篁。」索隱曰：「薊丘，燕所都之地也。言燕之薊丘所植，皆植齊王汶上之竹也。」按：此亦倒句；若順言之，當云「汶篁之植，植於薊丘」耳。宋人言宣和事云：「夷門之植，植於燕雲，」便不及古人語妙矣。

四　倒序例

古人序事，有不以順序而以倒序者。周官大宗伯職：「以肆、獻、祼享先王。」若以次弟而言，則祼最在先，獻次之，肆又次之也。乃不曰「祼、獻、肆」，而曰「肆、獻、祼」，此倒序也。大祝職：「隋釁、逆牲、逆尸。」若以次弟而言，則逆尸最在先，逆牲次之，隋釁又次之也。乃不曰「逆尸、逆牲、隋釁」，而曰「隋釁、逆牲、逆尸」，此倒序也。小祝職：「贊徹、贊奠。」若以次弟而言，則奠先而徹後也。乃不曰「贊奠、贊徹」，而曰「贊徹、贊奠」，此倒序也。說者不知古人自有此倒序之例，而必曲爲之解，多見其不可通矣。

禮記文王世子篇：「其登、餕、獻、受爵，則以上嗣。」正義曰：「以特牲言之，則先『受爵』而後『獻』，『獻』而後『餕』。」今此經先云「餕者，以餕爲重，舉重者從後以嚮先，逆言之，故云『其登、餕、獻、受爵』也。」按：以特牲言之，嗣子與長兄弟爲上下兩籑，是餕不止嗣子一人；而受爵止嗣子一人，是受爵重於餕也，安得云以餕爲重乎？孔氏蓋不知古書有此倒序之例，曲爲之說而失其義。

五　錯綜成文例

古人之文，有錯綜其辭以見文法之變者。如論語：「迅雷風烈；」楚辭：「吉日兮辰良；」夏小正：「剝棗栗零：」皆是也。

詩采綠篇：「之子于狩，言韔其弓；之子于釣，言綸之繩。」箋云：「綸，釣繳也。君子往狩與？我當從之爲之韔弓；其往釣與？我當從之爲之繩繳。」按：箋以「韔弓」、「繩繳」對舉，則知下句「繩」字與上句「韔」字對；下句「綸」字與上句「弓」字對；蓋錯綜以成文也。正義曰：「謂釣竿之上須繩，則已與之作繩，」是以繩字對上句弓字，失之矣。

又，思齊篇：「古之人無斁，譽髦斯士。」按：「古之人」與「髦斯士」文正相配。古之人，言古人也；髦斯士，言髦士也。此承上而言，惟成人有德，故古之人無斁；惟小子有造，故譽髦斯士。古之人者，尚書無逸篇枚傳所謂古老之人也。無斁，謂不見厭惡也。譽與豫通。爾雅曰：「豫，樂也，安也。」言其俊士無不安樂也。豫與無斁互文見義。無厭惡則安樂可知，安樂則無厭惡可知。上句先言古人而後言無斁，下句先言譽而後言髦斯士，亦錯綜以成文也。毛、鄭均未得其解。

周禮大宗伯職：「王后不與，則攝而薦豆籩徹。」按：薦豆籩徹者，薦豆徹籩也。於豆言「薦」，於籩言「徹」，互辭耳。不曰「薦豆徹籩」，而曰「薦豆籩徹」，亦故爲錯綜以成文也。賈疏曰：「凡祭祀皆先薦後徹，故退徹文在下。」此不得其解而爲之辭。

太玄止次八曰：「弓善反，弓惡反，善馬狠，惡馬狠。」按：弓善弓惡，即善弓惡弓，與善馬惡馬同義。乃云弓善弓惡者，故與下文錯綜其詞也。范望注曰：「善反，詩云：『四矢反兮，』言反其故處也。惡反者，不善發則翩然反也。」誤以善惡連反字讀，失之。測曰：「反弓馬狠，終不可以也。」不曰「弓反馬狠」，而曰「反弓馬狠」，文法與此同。淮南子主術篇：「夫疾風而波興，木茂而鳥集。」上言疾風，下言木茂，亦錯綜其詞。意林引此，作「風疾而波興」，由不知古人文法之變而以意改之。

春秋僖十有六年書：「隕石于宋五，六鷁退飛，過宋都。」石五之與六鷁，亦錯綜以成文。公羊有記聞記見之說，穀梁有散辭聚辭之義，此乃作傳之體例如此，未必得經意也。夏小正：「梅杏杝桃則華，緹縞。」上句先言梅杏杝桃而後言華，下句先言緹而後言縞，蓋古人之辭，往往有此。傳曰：「先言緹而後言縞，何也？緹先見者也。」亦未免曲爲之說也。

六　參互見義例

古人之文，有參互以見義者。禮記文王世子篇：「諸父守貴宮貴室，諸子諸孫守下宮下室。」又云：「諸父諸兄守貴室，子弟守下室，而讓道達矣。」鄭注曰：「上言父子孫，此言兄弟，互相備也。」又，雜記上篇：「有三年之練冠，則以大功之麻易之。」鄭注曰：「言練冠易麻，互言之也。」疏曰：「麻，謂絰帶。大功言絰帶，明三年練亦有絰帶；三年練云冠，明大功亦有冠。是大功冠與絰帶，易三年冠及絰帶，故云互言之。」又，祭統篇：「王后蠶於北郊，以共純服；夫人蠶於北郊，以共冕服。」鄭注曰：「純服，亦冕服也，互言之爾。純以見繒色，冕以著祭服。」凡此皆參互以見義者也。

鄭注有云「通異語」者。文王世子篇：「庶子以公族之無事者守於公宮，正室守太廟。」注云：「或言宮，或言廟，通異語。」又有云「文相變」者。喪大記篇：「浴水用盆，沃水用枓，沐用瓦盤。」注曰：「浴沃用枓，沐於盤中，文相變也。」亦皆互文以見義之例。

周易雜卦傳：「乾剛坤柔，比樂師憂。」皆兩兩相對，他卦雖未必然，而語意必相稱。獨「晉，晝也；明夷，誅也。」其義不倫。愚謂此亦參互以見義也。知「晉」之爲「晝」，則「明夷」之爲「晦」可知矣。「明入地中」，非晦而何？知明夷之爲「誅」，則晉之爲「賞」可知矣。「康侯用錫馬蕃庶」，非賞而何？自來言易者，未見及此也。

七　兩事連類而竝稱例

少牢饋食禮：「日用丁己。」言或用丁，或用己也。士虞禮：「冪用絺布。」言或用絺，或用布也。古人之文，自有此例。

士喪禮：「魚鱄鮒九。」此亦連類而竝稱，言或鱄或鮒，其數則九也。若必鱄鮒竝用，而欲合其數爲九，則孰四孰五，不得無文矣。

禮記郊特牲篇：「繡黼丹朱中衣。」按：繡黼二物，丹朱亦二物，言中衣之領，或以繡爲之，或以黼爲之；中衣之緣，或以丹爲之，或以朱爲之；是爲繡黼丹朱中衣，非必一時竝用也。鄭注破繡爲綃。正義曰：「五色備曰繡，白與黑曰黼，繡黼不得共爲一物，故以繡爲綃也。」此未達古人立言之例也。

日知錄曰：「孟子云：『禹、稷當平世，三過其門而不入。』考之書曰：『啓呱呱而泣，予弗子。』此禹事也；而稷亦因之受名。『華周、杞梁之妻，善哭其夫而變國俗。』考之列女傳曰：『哭於城下七日而城爲之崩。』此杞梁妻事也；而華周妻亦因之以受名。」愚謂此皆連類而及之例也。呂氏春秋曰：「孔丘、墨翟，晝日諷誦習業，夜親見文王、周公旦而問焉。」因孔子而及墨翟，因周公而及文王，亦此類矣。

八　兩義傳疑而竝存例

儀禮士虞禮：「死三日而殯，三月而葬，遂卒哭。」鄭注曰：「此記更從死起，異人之聞，其義或殊。」賈疏曰：「上已論虞卒哭，此記更從始死記之，明非上記人，是異人之聞。其辭或殊，更見記之事，其實義亦不異前記也。」按：此卽傳疑竝存之例。注疏：「聞」字今誤作「閒」，非是。辨見羣經平議。

穀梁傳之解經，多有竝存兩說者。隱二年傳：「或曰，紀子伯莒子而與之盟。或曰，年同爵同，故紀子以伯先也。」又，五年傳：「穀梁子曰：『舞夏，天子八佾，諸侯四佾，初獻六羽，始僭樂矣。』尸子曰：『舞夏，自天子至諸侯，皆用八佾，初獻六羽，始厲樂矣。』」又，八年傳：「或曰，隱不爵大夫也。或說曰，故貶之也。」又莊二年傳：「於餘丘，邾之邑也。其曰『伐』，何也？公子貴矣，師重矣，而敵人之邑；公子病矣，病公子，所以譏乎公也。其一曰，君在而重之也。」又，文十八年傳：「姪娣者，不孤子之意也。一人有子，三人緌帶。一曰，就賢也。」凡此皆兩義竝存，不獨疑以傳疑，且足見網羅放失之意。公羊傳亦閒有之。閔二年傳：「或曰，自鹿門至於爭門者，是也。或曰，自爭門至於吏門者，是也。」亦二說竝存也。

禮記檀弓篇：「滕伯文爲孟虎齊衰，其叔父也；爲孟皮齊衰，其叔父也。」按：孟虎孟皮，疑是一人，虎與皮蓋一名一字。鄭罕虎字子皮，卽其例也。縣子本得之傳聞，或故老所說不同，或簡策所載互異，疑以傳疑，故竝存之。正義謂虎是滕伯文叔父，滕伯是皮之叔父，夫記文兩言「其叔父也」，乃謂一是叔父，一是兄弟之子，殆不然矣。

爾雅釋蟲有「蝝蝮蜪」，釋魚有「蜪蚅」；釋蟲有「蛭蝚至掌」，釋魚有「蛭蟣」：蓋皆一物也。或云蟲類，或云魚類，故竝存之。郭注於釋蟲不解「蛭蝚至掌」，於釋魚不解「蜪蚅」，由未知其爲同物耳。

凡著書者，博採異文，附之簡策。如管子法法篇之「一曰」，大匡篇之「或曰」，皆爲管氏學者傳聞不同而竝記之也。韓非子書如此者尤多。如內儲說上篇，引魯哀公問孔子莫衆而迷事，又載：「一曰晏嬰子聘魯，哀公問曰：『語曰，莫三人而迷。』」外儲說左篇，引孟獻伯相魯事，又載「一曰孟獻伯拜上卿，叔向往賀」，如此之類，不下數十事。尚書每有「又曰」之文，愚謂亦當以是解之。康誥篇：「非汝封刑人殺人；無或刑人殺人，非汝封。又曰劓刵人，無或劓刵人。」蓋史策所載異辭：一本作「非汝封刑人殺人；無或刑人殺人，非汝封。」一本作「非汝封劓刵人；無或劓刵人，非汝封。」故兩載之，而詞有詳略也。下文：「王曰：『外事，汝陳時臬，司師茲殷罰有倫。』」此一本也。「又曰：要囚，服念五六日，至於旬時，丕蔽要囚。王曰：『汝陳時臬事，罰蔽殷彝。』」此又一本也。亦兩存之而語有詳略。

余從前著羣經平議，未見及此，蓋猶未達古書之例也；當更爲說以明之。

九　兩語似平而實側例

古人之文，有似平而實側者。詩蕩篇：「侯作侯祝。」傳曰：「作祝詛也。」段氏玉裁曰：「『作祝詛也』四字一句，『侯作侯祝』，與『乃宣乃畝』、『爰始爰謀』句法同。」縣篇：「曰止曰時。」箋云：「時，是也。曰可止居於是。」正義曰：「如箋之言，則上『曰』爲辭，下『曰』爲『於』也。」按：此亦似平而實側者，與「爰始爰謀」，乃宣乃畝」一例。王氏引之曰：「經文疊用曰字，不當上下異訓，二曰字皆語辭，時亦止也。」轉未得古人義例矣。

論語憲問篇：「君子恥其言而過其行。」正義曰：「此章勉人使言行相副也。君子言行相顧，若言過其行，謂有言而行不副，君子所恥也。」按：恥其言而過於行，亦語平而意側。皇侃義疏本作「君子恥其言之過其行也；」語意更明。朱注曰：「恥者，不敢盡之意；過者，欲有餘之辭；」誤以兩句爲平列，失之。

孟子公孫丑篇：「今夫蹶者趨者。」趙注曰：「蹶者相動，今夫行而蹶者，氣閉不能自持，故志氣顚倒；顚倒之閒，無不動心而恐矣。」尋趙氏之意，謂趨由於蹶。「今夫蹶者趨者」，猶云「大凡顚蹶之人，皆是趨走之人。」蓋人之疾趨而行，氣使之也，而至於顚蹶，則無不動心矣。故曰「是氣也而反動其心。」「蹶者趨者」，似平而實側，若以蹶趨平列，則其義不見矣。

十 兩句似異而實同例

古人之文，有兩句竝列而實一意者，若各爲之說，轉失其義矣。禮記表記篇：「仁有數，義有長短小大。」鄭注曰：「數與長短小大，互言之耳。」按：數卽短長小大，質言之，則是仁有數，義亦有數耳。乃於仁言「數」，而於義變言「長短小大」，此古人屬辭之法也。周官大司徒職：「令五家爲比，使之相保；五比爲閭，使之相受。」按：受與保同義，古語或以受保連文，士冠禮「永受保之」是也。或以保受連文，尙書召誥「保受王威命明德」是也。使之相保，使之相受，文異而義同，皆謂使之互相任保，不爲罪過也。杜子春及後鄭均未達斯旨。又，族師職云：「使之相保相受，刑罰慶賞相及相共。」按：「相受」猶「相保」也，「相共」猶「相及」也，皆變文以成辭耳。賈疏斷「刑罰慶賞相及」爲句，失之。

儀禮特牲饋食禮：「籑有以也，酳有與也。」兩句義同，變文以成辭耳。史記貨殖傳：「智不足與權變，勇不足以決斷，仁不能以取予。」漢書楊雄傳：「建道德以爲師，友仁義與爲朋。」與、以互用，是「有與」卽「有以」也。鄭注曰：「與，讀如諸侯以禮相與之與，」失之。

孟子梁惠王下篇：「吾王不遊，吾何以休？吾王不豫，吾何以助？」趙注曰：「言王者巡狩觀民，其行從容，若遊若豫。豫，亦遊也。」按：不遊不豫，變文以成辭而無異義。趙氏此注，斯通論矣。下文曰：「從流下而忘反，謂之流；從流上而忘反，謂之連；從獸無厭謂之荒；樂酒無厭謂之亡。」按：「亡」當讀爲「芒」。荀子富國篇：「芒軔僈楛。」楊倞注曰：「芒，昧也。或讀爲荒。」是荒、芒義通。故淮南子詮言篇曰：「自身以上，至於荒芒爾遠矣。」荒芒連文，與流連一例，皆古之恆語。「從流下而忘反，謂之流；從流上而忘反，謂之連。」連與流一也。「從獸無厭謂之荒，樂酒無厭謂之芒。」芒與荒亦一也。流連荒芒，亦猶上文遊豫之比，變文成辭而無異義。趙氏一一爲之詮釋，則轉失之。良由不知「亡」爲「芒」之叚字，故滋曲說。其解「亡」字曰：「若殷紂以酒喪國也，故謂之亡。」然則若羿之好田獵，無有厭極，以亡其身，亦可謂之亡矣；何以從獸無厭謂之荒乎？

尚書舜典篇：「流共工于幽州，放驩兜于崇山，竄三苗于三危，殛鯀于羽山。」枚傳曰：「殛、竄、放、流，皆誅也；異其文，述作之體。」至詩人之詞，此類尤多。關雎篇：「參差荇菜，左右流之；窈窕淑女，寤寐求之。」傳曰：「流，求也。」則流之、求之，一也。兔爰首章，「我生之初，尚無爲；」次章，「我生之初，尚無造。」傳曰：「造，爲也。」則無爲、無造，一也。

荀子正論篇：「故盜不竊，賊不刺。」按：漢書郊祀志：「刺六經中作王制。」師古注曰：「刺，采取之也。」又，丙吉傳：「至公車刺取。」注曰：「刺，謂探候之也。」是刺有探取之義。盜不竊，賊不刺，變文以成辭而無異義也。莊子知北遊篇：「若正汝形，一汝視，天和將至；攝汝知，一汝度，神將來舍。」按：「一汝度」當作「正汝度」。淮南子道應篇、文子道原篇竝同，可據以訂正。「攝汝知」即「一汝視」，所視者專一，故所知者收攝矣。「正汝度」即「正汝形」，度，猶形也。是亦變文以成辭而無異義也。

楊子法言吾子篇：「多聞則守之以約，多見則守之以卓。」按：卓亦約也。莊子大宗師篇郭象注曰：「卓者，獨化之謂也。」是卓有獨義。說苑君道篇：「踔然獨立。」踔與卓同。「卓約」，本疊韻字。莊子之「淖約」，上林賦之「綽約」，竝其證也。「多聞則守之以約」，

「多見則守之以卓」，猶「淖約」「綽約」之比。是亦變文以成辭而無異義也。

十一　以重言釋一言例

禮記樂記篇：「肅肅，敬也；雍雍，和也。」顧氏日知錄曰：「詩本肅雍一字而引之二字者，長言之也，詩云：『有洸有潰。』毛公傳之曰：『洸洸，武也；潰潰，怒也。』即其例也。」

錢氏大昕養新錄曰：「詩：『亦汎其流。』傳云：『汎汎，流貌。』『碩人其頎。』箋云：『長麗俊好，頎頎然。』『咥其笑矣。』傳、箋皆云：『咥咥然笑。』『垂帶悸兮。』傳、箋皆云：『悸悸然有節度。』『條其歗矣。』傳云：『條條然歗。』『零露漙兮。』傳云：『漙漙然盛多。』『子之丰兮。』箋云：『面貌丰丰然。』『零露湑兮。』傳云：『湑湑然蕭上露貌。』『噂沓背憎。』傳云：『噂，猶噂噂然；沓，猶沓沓然。』『有扁斯石。』傳云：『扁扁，乘石貌。』『匪風發兮，匪車偈兮。』傳云：『發發飄風，非有道之風；偈偈疾驅，非有道之車。』『匪風嘌兮。』傳曰：『嘌嘌，無節度也。』竝以重言釋一言。」

丘中有麻篇：「將其來施施。」顏氏家訓曰：「河北毛詩皆云施施；江南舊本悉單爲施。」

按：當以江南本爲正。傳云：「施施，難進之意。」箋云：「施施，舒行伺閒，獨來見己之貌。」經文止一施字，而傳、箋竝以施施釋之，所謂以重言釋一言也。後人不達此例，增經文作施施，非其舊矣。

周易乾：「九三，君子終日乾乾，夕惕。」惕者，惕惕也，猶言「終日乾乾，終夕惕惕」也。後人不明一言之卽爲重言，遂以「夕惕若」爲句矣。尚書盤庚中篇：「乃咸大不宣，乃心欽。」欽者，欽欽也。「乃心欽」，猶詩云「憂心欽欽」也。後人不明一言之卽爲重言，遂以「乃心欽念以忱」爲句矣。由不達古書之例，失其義，幷失其讀也。

十二　以一字作兩讀例

古書遇重字，多省不書，但于本字下作二畫識之；亦或幷不作二畫，但就本字重讀之者。考工記輈人曰：「輈注則利準，利準則久，和則安。」鄭注曰：「故書『準』作『水』」，鄭司農云：『注則利水，謂輈脊上，雨注令水去利也。』玄謂利水重讀，似非。」據此，則故書「利水」二字，本無重文，先鄭特就此二字重讀之，故後鄭可以不從也。

孟子告子上篇：「異於白馬之白也。」按：上「白」字當重讀。蓋先折之曰「異於白」，乃曰「白馬之白也，無以異於白人之白也。」則又申説其異之故也。如此則文義自明，亦不必疑其有闕文矣。

十三　倒文協韻例

詩既醉篇：「其僕維何？釐爾女士。釐爾女士，從以孫子。」按：女士者，士女也。孫子者，子孫也。皆倒文以協韻。猶「衣裳」恆言，而詩則曰「制彼裳衣」；「琴瑟」恆言，而詩則曰「如鼓瑟琴」也。甫田篇：「以穀我士女，」此云「女士」，彼云「士女」，文異義同。箋云：「予女以女而有士行者」，則失之纖巧矣。經文平易，殆不如是。

莊子山木篇：「一上一下，以和爲量。」按：此本作「一下一上，以和爲量，」上與量爲韻；今作一上一下，失其韻矣。秋水篇：「無東無西，始於元冥，反於大通。」亦後人所改。莊子原文本作「無西無東」，東與通爲韻也。王氏念孫已訂正。「上下」「東西」，人所恆言，後人口耳習熟，妄改古書，由不知古人倒文協韻之例耳。

古書多韻語，故倒文協韻者甚多。淮南子原道篇：「無所左而無所右，蟠委錯紾，與萬物終始。」不言「始終」而言「終始」，始與右爲韻也。文選鵩鳥賦：「怵迫之徒，或趨西東；大人不曲，意變齊同。」不言「東西」而言「西東」，東與同爲韻也。後人不達此例而好以意改，往往失其韻矣。

十四　變文協韻例

古人之文，更有變文以協韻者。詩鄘風柏舟篇：「母也天只，不諒人只。」傳曰：「天，謂父也。」正義曰：「先母後天者，取其韻句耳。」按：「母」則直曰「母」，而「父」則稱之爲「天」，此變文協韻之例也。

蓼蕭篇：「既見君子，爲龍爲光。」按：光者，日也。周易說卦傳：「離爲日。」而虞注於未濟六五及夬象傳竝云：「離爲光。」於需彖辭則曰：「離日爲光。」是日與光義得相通。文選張孟陽七哀詩注：「朱光，日也。」陸士衡演連珠注曰：「重光，日也。」詞賦家以日爲光，本經義也。「爲龍爲光」，猶云「爲龍爲日」。龍與日，竝人君之象。賈子容經篇曰：「龍也者，人主之譬也。」尸子曰：「日五色，陽之精，君德也。」是龍、日爲君象，古有此義。此言遠國之君朝見於天子，故曰：「既見君子，爲龍爲光，」竝以天子言。不言「爲龍爲日」，而曰「爲龍爲光」，亦變文以協韻耳。傳訓龍爲「寵」，則已不得其義矣。

周易亦多用韻之文，亦有變文協韻者。如小畜：「上九，既雨既處。」按：處者，止也。說文几部：「処，止也。」処，即處字。故毛傳於江有汜篇、鳧鷖篇，竝曰：「處，止也。」「既雨既處」者，「既雨既止」也。止，謂雨止也。不曰「既雨既止」，而曰「既雨既處」，變文以協韻也。正義以「得其處」釋之，則與既雨之文不倫矣。

卷二

十五　古人行文不嫌疏略例

儀禮聘禮篇：「上介出請入告。」鄭注曰：「於此言之者，賓彌尊，事彌錄。」據注，知聘賓所至，上介皆有「出請入告」之事，而上文不言，是古人行文不嫌疏略也；必一一載之簡策，則累牘而不能盡矣。乃古人不言，後人亦遂不知，即儀禮一經疏略之處，鄭君亦有未能見及者，後人讀書鹵莽，更無論矣。今舉數事見例：

聘禮：「乃入陳幣於朝，西上。」注曰：「其禮於君者不陳。」按：鄭見此經所陳，止有上賓之公幣私幣及上介之公幣，而無禮於君之幣，故曰「禮於君者不陳」。下文「執賄幣以告」，注曰：「賄幣在外也。」若然，則當有出取之事，何以無文乎？今以下文「上介執璋」例之，知賄幣乃衆介奉之以入；上介授璋後，衆介從而授幣，故使者得執之以告也。經略而不言，鄭君亦遂不知矣。

聘禮記：「簞有蓋冪。」〔一〕注曰：「稻粱將食乃設，去會於房。」按：鄭以經文公設粱後，其下卽云：「左擁簠粱，」不見有卻會事，故爲此說。不知六簋乃宰夫所設，故宰夫爲卻會；若簠則公親設之，公尊，不爲卻會，賓將食自卻之。經云：「賓卒食，會飯。」以卒食後賓自加會，知將食時賓自卻會也。經文略而不言，鄭君亦遂不知，幷會飯之義而失之矣。

士虞禮記：「祝從，啓牖、鄉如初。」按：「鄉」者，北出牖也。「啓牖、鄉」者，「啓牖」亦「啓鄉」也。上文「祝闔牖戶」，不言鄉，是疏略之處。鄭注此句，因云「鄉、牖一名也」，然則記人何必言「牖」又言「鄉」乎？

特牲饋食禮：「酢如主人儀。」注曰：「不易爵，辟內子。」按：尸酢主婦，無不易爵者，此不言易爵，疏略耳；鄭注非。又曰：「尸謖祝前。」按：「尸謖」上當有「祝入」二字，既夕篇：「祝入尸謖，」是其例也。蓋祝出告利成後，必復入，以爲尸謖之節。此不言者，疏略。禮經若此類，不可勝舉。

襄二年左傳：「以索馬牛皆百匹。」正義曰：「司馬法：丘出馬一匹，牛三頭。」則牛當稱頭而亦云匹者，因馬而名牛曰匹，幷言之耳。經傳之文，此類多矣。易繫辭云：「潤之以

〔一〕按此句見儀禮公食大夫禮；作聘禮，誤。——校點者

風雨。」論語云：「沽酒市脯不食。」玉藻云：「大夫不得造車馬。」——皆從一而省文也。

按：此亦古人行文不嫌疏略之證。使後人爲之，必一一爲之辭：曰「以索馬百匹，索牛百頭。」曰「沽酒不飲，市脯不食。」此文之所以日繁也。

十六　古人行文不避繁複例

古人行文，亦有不避繁複者。孟子梁惠王篇：「故王之不王，非挾泰山以超北海之類也；王之不王，是折枝之類也。」離婁篇：「瞽瞍底豫而天下化，瞽瞍底豫而天下之爲父子者定。」兩「王之不王」，兩「瞽瞍底豫」，若省其一，讀之便索然矣。

周易繫辭傳：「言天下之至賾而不可惡也，言天下之至賾而不可亂也；擬之而後言，議之後動。」鄭所據本如此，見釋文；虞本亦如此，見集解：此古本也。兩言「天下之至賾」，句似複而非複。乃鄭於下句云：「賾當爲動，」虞亦云：「動舊誤作賾，」則鄭、虞猶未解此。孔穎達謂「以文勢上下言之，宜云至動而不可亂也，」更無足怪矣。所謂「以上下文勢言」者，徒見上文「賾」與「動」對舉，故云然耳。其實此文「不可惡」，「不可亂」，專承「天下之賾」而言。下文「擬之而後言」，「議之而後動」，然後覆說「動」字。

管子權修篇：「凡牧民者，欲民之正也。欲民之正，則微邪不可不禁也。微邪者，大邪之所生也。微邪不禁而求大邪之無傷國，不可得也。凡牧民者，欲民之有禮也。欲民之有禮，則小禮不可不謹也。小禮不謹於國，而求百姓之行大禮，不可得也。凡牧民者，欲民之有義也。欲民之有義，則小義不可不行。小義不行於國，而求百姓之行大義，不可得也。凡牧民者，欲民之有廉也。欲民之有廉，則小廉不可不修也。小廉不修於國，而求百姓之行大廉，不可得也。凡牧民者，欲民之有恥也。欲民之有恥，則小恥不可不飾也。小恥不飾於國，而求百姓之行大恥，不可得也。凡牧民者，欲民之修小禮，行小義，飾小廉，謹小恥，禁微邪，此厲民之道也。」按：此一段之中，疊用「凡牧民者」句，文繁語複，使今人爲之，則芟薙者過半矣。

墨子尚賢、尚同、兼愛，各分上、中、下三篇，而文字相同者居半。此亦古人不嫌繁複之證，文繁不具錄。

十七　語急例

古人語急，故有以「如」爲「不如」者。隱元年公羊傳：「如勿與而已矣。」注曰

「如，即不如」是也。有以「敢」爲「不敢」者。莊二十二年左傳：「敢辱高位。」注曰「敢，不敢也」是也。詳見日知錄三十二。

詩君子偕老篇：「是紲袢也。」毛傳曰：「是當暑袢延之服也。」然則「袢」即「袢延」也。論語先進篇：「由也喭。」鄭注曰：「子路之行，失於畔喭。」然則「喭」即「畔喭」也，竝古人語急而省也。

雍也篇：「君子博學於文，約之以禮，亦可以弗畔矣夫。」「畔」亦即「畔喭」也。畔、喭本疊韻字，急言之，則或曰「喭」，「由也喭」是也；或曰「畔」，「亦可以弗畔矣夫」是也。鄭注曰：「弗畔，不違道。」殆未免乎知二五而不知十矣。

十八　語緩例

禮記曲禮篇：「爲大夫累之。」按：「累之」猶「解之」也。累、解本疊韻字。荀子富國篇：「則和調累解。」累、解二字同義，猶和、調二字亦同義，古語如此，楊倞注非也。緩言之曰「累解」，急言則止曰「累」矣。鄭注曰：「累，倮也。謂不巾覆也。」然不巾覆者，大夫至庶人所同，何獨於大夫言之乎？

古人語急，則二字可縮爲一字；語緩，則一字可引爲數字。襄三十一年左傳：「繕完葺牆以待賓客。」急言之，則止是「葺牆以待賓客」耳。乃以「葺」上更加「繕完」二字，唐李涪刊誤遂疑「完」字當作「宇」矣。昭十六年左傳：「庸次比耦，以艾殺此地。」急言之，則是「比耦以艾殺此地」耳。乃以「比」上更加「庸次」二字，杜注遂訓爲用次更相從耦耕矣。皆由不達古人語例故也。按方言曰：「庸、恣、比、侹、更、迭，代也。」庸、恣、比三字，卽本左傳。恣與次通。

尚書牧誓篇：「王朝至于商郊牧野。」按：郊牧野者，爾雅所謂邑外謂之郊，郊外謂之牧，牧外謂之野也。枚傳云：「至牧地而誓衆，」則但謂之「商牧」可矣。國語曰：「庶民弗忍，欣戴武王，以致戎于商牧。」是其正名也。乃連郊野言之，曰「郊牧野」；又或連野言之，曰「牧野」。詩曰：「牧野洋洋」是也。此皆古人語緩，故不嫌辭費。

十九　一人之辭而加曰字例

凡問答之辭，必用「曰」字，紀載之恆例也。乃有一人之辭中加「曰」字自爲問答者，此則變例矣。論語陽貨篇：「『懷其寶而迷其邦，可謂仁乎？』曰『不可』。『好從事而亟失時，可謂知乎？』曰『不可』。」兩「曰」字仍是陽貨語；直至「孔子曰諾」，始爲孔子語。史記留侯世家：「『昔者湯伐桀而封其後於杞者，度能制桀之死命也；今陛下能制項籍之死命乎？』曰，『未能也。其不可一也。』『武王伐紂封其後於宋者，度能得紂之頭也；今陛下能得項籍之頭乎？』曰，『未能也。其不可二也。』」此下凡「不可者」七，皆子房自問自答；至漢王輟食吐哺駡曰，「豎儒！」始爲漢王語，與論語文法正同。說本閻氏四書釋地。按：記人於下文特著「孔子曰」，則上文兩「曰不可」，非孔子語明矣。前人皆未見及，閻氏此論，昭然發千古之矇。

孟子告子篇：「『爲是其智弗若與？』曰『非然也。』」此自問自答之辭。盡心篇：「『子以是爲竊屨來與？』曰『殆非也』。」亦自問自答之辭。乃趙氏誤以此「曰」字爲「館人曰」，後人因幷以下文數語，皆爲館人之言；而經文「夫予」字，遂誤作「夫子」，不得謂非趙氏有以啓之矣。

亦有非自問自答之辭，而中閒又用「曰」字以別更端之語者。禮記檀弓篇：「公瞿然失席曰：『是寡人之罪也！』曰：『寡人嘗學斷斯獄矣！』」哀十六年左傳：「乞曰：『不可得也。』曰：『市南有熊宜僚者，若得之，可以當五百人矣。』」論語憲問篇：「子曰：『若臧武仲之知，公綽之不欲，卞莊子之勇，冉求之藝，文之以禮樂，亦可以爲成人矣。』曰：『今之成人者何必然。』」微子篇：「齊景公待孔子曰：『若季氏則吾不能，以季孟之閒待之。』曰：『吾老矣，不能用也。』」皆加「曰」字，以別更端之語也。

楊子法言學行篇：「或曰：『顏徒易乎？』曰：『睎之則是。』曰：『昔顏嘗睎夫子矣，正考甫常睎尹吉甫矣，公子奚斯嘗睎正考甫矣；不欲睎則已矣，如欲睎，孰禦焉？』」按：「睎之則是」上已有「曰」字，而其下又有「曰」字，明世德堂本遂刪去上「曰」字。然「睎之則是」，乃答語而非問詞，上「曰」字不可刪，下「曰」字當移在「正考甫」句上。楊子既告之曰「睎之則是，昔顏嘗睎夫子矣。」又恐或人疑「夫子大聖，非人所能睎，」故又舉正考甫、公子奚斯以曉之，正以小見大，以淺見深也；若其間無「曰」字以別更端，則漫無主賓之辨矣。淺人以三句平列，而移「曰」字於「睎之則是」之下，又以兩「曰」字疊用而刪上「曰」字，皆不達古書之例者也。

二十　兩人之辭而省曰字例

一人之辭自爲問答，則用「曰」字；乃有兩人問答，因語氣相承，誦之易曉，而「曰」

字從省不書者。如論語陽貨篇：「子曰：『由也，女聞六言六蔽矣乎？』對曰：『未也。』『居，吾語女！』」「居，吾語女！」乃夫子之言，而卽承「對曰未也」之下，無「子曰」字。「子曰：『食夫稻，衣夫錦，於女安乎？』曰：『安。』『女安，則爲之。』」「女安，則爲之」，乃夫子之言，而卽承「曰安」之下，無「子曰」字。

孟子書如此者尤多。「臣請爲王言樂！」孟子之言也，而無「曰」字。「敢問何謂浩然之氣？」公孫丑之言也，而無「曰」字。文義易明，故省之也。「然則子之失伍也亦多矣！」「然則治天下獨可耕且爲與？」「然則犬之性猶牛之性，牛之性猶人之性與？」句上皆無「曰」字，文勢易見，故省之也。乃亦有因省「曰」字致失其義者。公孫丑篇：「季孫曰：『異哉』！子叔疑。」二子，孟子弟子。「使己爲政，不用，則亦已矣」以下，乃孟子解二子之異意疑心，趙注甚明。因「使己爲政」上省一「曰」字，後儒遂生異說，以此一節皆爲季孫之言，失之甚矣。滕文公篇：「周霄問曰：『古之君子仕乎？』孟子曰：『仕』。」一言足矣，無事繁稱博引也。「傳曰」、「公明儀曰」，皆周霄所引以爲發問之地；蓋周霄意中先有此兩說，故竝引之；而先以「三月無君則弔」爲問，又以「出疆必載質」爲問也。因省「曰」字，讀者不能辨別，遂以「傳曰」、「公明儀曰」兩說皆孟子所徵引，失之甚矣。

禮記檀弓篇：「悼公之喪，季昭子問於孟敬子曰：『爲君何食？』敬子曰：『食粥，天下之達禮也。』『吾三臣者之不能居公室也，四方莫不聞矣。勉而爲瘠，則吾能，毋乃使人疑夫不以情居瘠者乎哉？吾則食食。』」此文自「吾三臣者」以下，又爲季昭子之言；蓋敬子所答，自是正論，昭子不欲從之，故有此說。因中閒省一「曰」字，遂若皆孟敬子之言者。敬子知問曾子之疾，獲聞君子之道，何至無忌憚若此？李氏惇作羣經識小，始辨正之。

二十一　文具於前而略於後例

詩大叔于田篇：「叔善射忌，又良御忌。」其下云：「抑磬控忌，抑縱送忌，」則專承良御而言。「叔馬慢忌，叔發罕忌。」其下云：「抑釋掤忌，抑鬯弓忌，」則專承叔發罕忌而言。文具於前而略於後也。毛傳曰：「騁馬曰磬，止馬曰控，發矢曰縱，從禽曰送。」按：磬、控雙聲，縱、送疊韻。凡雙聲疊韻之字，皆無二義，傳以一字爲一義。發矢從禽與騁馬止馬，又不一例，傳義失之。磬、控、縱、送，皆以御言。磬，卽控也，言止馬也；送，卽縱也，言騁馬也。

板篇：「天之牖民，如壎如篪，如璋如圭，如取如攜；攜無曰益，牖民孔易。」按：「攜無曰豷」，承上四句而言。豷與隘通，言天之牖民，如壎篪之相和，如璋圭之相合，如取攜之必從；無曰「有所阻隘也」，牖民乃孔易耳。因上疊句成文，累言之則於文不便，故止承攜而言曰，「攜無曰豷，」亦文之具於前而略於後者也。鄭箋未得其義。

夫詩人之詞，限於字句，具前略後，固所宜也。乃有行文之體，初無限制，而前所羅陳，後從省略，乃知古人止取意足，辭不必備也。荀子彊國篇曰：「『力術止，義術行，曷謂也？』曰：『秦之謂也。』『威彊乎湯、武，廣大乎舜、禹，然而憂患不可勝校也，諰諰然常恐天下之一合而軋己也。此所謂力術止也。』『曷謂威彊乎湯、武？』『湯、武也者，乃能使說己者使耳。今楚父，死焉，國舉焉，負三王之廟而辟於陳、蔡之閒；視可司閒，案欲剡其脛而以蹈秦之腹，然而秦使左案左，使右案右，是乃使讎人役也。此所謂威彊乎湯、武也。』『曷謂廣大乎舜、禹也？』曰：『古者百王之一天下，臣諸侯，未有過封內千里者也。今秦，南乃有沙羨與俱，是乃江南；北與胡貉爲鄰；西有巴戎；東在楚者乃畍於齊；在韓者踰常山，乃有臨慮；在魏者乃據圍津，即去大梁百有二十里耳；在趙者剡然有苓而據松柏之塞，負西海而固常山：是地徧天下也。此所謂廣大乎舜、禹也。威動海內，彊殆中國，然而憂患不可勝校也，諰諰然常恐天下之一合而軋己也。』」按：此文前以「威彊乎湯、武，廣大乎舜、禹」

兩句提綱，中閒又作兩段申說，而後云「威動海內，彊殆中國」，則止承威彊而言，不及廣大，是文具於前而略於後也。荀子此文，傳寫舊有錯誤，余作諸子平議已訂正之，茲不具論。

斯例也，孔子傳易卽已有之。同人象傳：「同人之先，以中直也。」王氏引之曰：「同人之先，謂同人之先號咷而後笑也。先者，有後之辭也，言先而後見矣。隨：『六二，係小子，失丈夫。』傳則曰『係小子』，而省失丈夫之文。『六三，係丈夫，失小子。』傳則曰『係丈夫』，而省失小子之文：是其例也。」今以王氏之說推之：乾：「九三，君子終日乾乾，夕惕，若厲无咎。」傳則但曰「終日乾乾」。坤：「六四，括囊无咎无譽。」傳則但曰「括囊无咎」。蒙：「初六，發蒙，利用刑人，用說桎梏。」傳則但曰「利用刑人」。泰：「九三，无平不陂，无往不復。」傳則但曰「无往不復」。隨：「上六，拘係之，乃從維之。」傳則但曰「拘係之」。无妄：「六三，不耕穫，不菑畬。」傳則但曰「不耕穫」。離：「九四，突如其來如，焚如，死如，棄如。」傳則但曰「突如其來如」。鼎：「六五，鼎黃耳金鉉。」傳則但曰「鼎黃耳」。歸妹：「上六，女承筐无實，士刲羊无血。」傳則但曰「上六无實」。中孚：「六三，得敵，或鼓或罷，或泣或歌。」傳則但曰「或鼓或罷」。竝文具於前而略於後者也。

僖十九年穀梁傳：「梁亡，自亡也。湎於酒，淫於色，心昏耳目塞，上無正長之治，大臣背叛，民爲寇盜。梁亡，自亡也；如加力役焉，湎不足道也。」范注曰：「如使伐之而滅亡，則淫湎不足記也。」按：上文已備列梁所以亡之故，使下文必一一言之，則累於辭矣。故曰：「湎不足道也。」止以一湎字該之，亦具於前而略於後也。

二十二　文沒於前而見於後例

古人之文，又有沒其文於前，而見其義於後者。書微子篇：「我祖底遂陳于上，我用沈酗于酒，用亂敗厥德于下。」按：「底遂陳于上」，蓋以德言，紂所亂敗者，卽湯所底遂而陳者也。德字見於後而沒於前，枚傳不達其義，乃曰「致遂其功，陳列于上世」，則上句增出「功」字矣。國語晉語：「鄢陵之役，荆壓晉軍，軍吏患之，將謀。范匄自公族趨過之，曰：『夷竈湮井，非退而何？』」按：楚壓晉而陣，晉無以爲戰地，軍吏將謀者，蓋謀退也。非畏楚而退，乃欲少退使有戰地耳。然軍勢一動，不可復止，必有潰敗之憂。范匄爲夷竈湮井之計，則不必退而自有戰地，乃不退之退也。故曰：「非退而何？」「退」字見於後而沒於前，韋注不達其義，乃曰：「平塞井竈，示必死，楚必退，」則文義不合矣。

詩生民篇：「誕寘之隘巷，牛羊腓字之；誕置之平林，會伐平林；誕寘之寒冰，鳥覆翼之；鳥乃去矣，后稷呱矣。」按：后稷所以見棄之故，千古一大疑，而不知詩人固明言之，蓋在「后稷呱矣」一句。夫至鳥去之後，后稷始呱，則前此者未嘗呱也。凡人始生，無不呱呱而泣。后稷生而不呱，是其異也。於是人情駭怪，僉欲棄之於隘巷、於平林、於寒冰，愈棄愈遠亦愈險，聖人不死，昭然可見。而后稷亦旣呱矣，遂收而養之，命之曰棄，志異也。詩人歌詠其事，初不言見棄之由，蓋沒其文於前而著其義於後，此正古人文字之奇也。後人不達，而異義橫生矣。

禮記曲禮篇：「五官之長曰伯，其擯於天子也，曰天子之吏，天子謂之伯父，異姓謂之伯舅。」又曰：「九州之長，入天子之國曰牧，天子謂之叔父，異姓謂之叔舅。」按陸氏德明作音義所據本如此，乃古本也。「天子謂之伯父」，「天子謂之叔父」，皆言同姓之國，而記文無同姓二字；蓋下文旣別言異姓，則此爲同姓，不待言矣。亦沒於前而著於後者也。淺人不達，誤加同姓二字，殊非其舊矣。

文二年左傳：「於是夏父弗忌爲宗伯，尊僖公。」初不及臧文仲；後乃引孔子之言，以臧文仲縱逆祀爲三不知之一，則知夏父弗忌之躋僖公，實臧文仲爲之也。孟子梁惠王篇，魯平公將見孟子。初不言由於樂正子；後乃載樂正子之言曰：「克告於君，君爲來見也，」則知魯平公之就見孟子，樂正子爲之也。凡此皆沒於前而見於後也。禮記檀弓篇：「晉獻公之喪，秦穆公使人弔公子重耳，」不言使人爲何人；下文云：「子顯以致命於穆公，」則知使者之爲子顯矣。孟子公孫丑篇：「孟子之平陸，謂其大夫曰，」不言平陸大夫爲何人；下文云：「王之爲都者，臣知五人焉，知其罪者惟孔距心。」則知平陸大夫爲孔距心矣。雖人之名字亦沒於前而見於後，尤極文字之奇矣。

二十三　蒙上文而省例

古人之文，有蒙上而省者。尙書禹貢篇：「終南、惇物，至於鳥鼠。」正義曰：「三山空舉山名，不言治意，蒙上既旅之文也。」是其例也。又，「導岍及岐，至于荆山。」正義曰：「從此導岍至敷淺原，舊說以爲三條：導岍北條，西傾中條，嶓冢南條。鄭玄以爲四列：導岍爲陰列，西傾爲次陰列，嶓冢爲次陽列，岷山爲正陽列。」今以經文求之，鄭說爲是。導岍言導，西傾不言導；導嶓冢言導，岷山不言導。蓋兩陽列，兩陰列，各一言導；次陰列，蒙陰列而省；正陽列，蒙次陽列而省也。

禮記玉藻篇：「君羔幦虎犆，大夫齊車；鹿幦豹犆，朝車。」此言人君羔幦虎犆之車，大夫以爲齊車；人君鹿幦豹直之車，大夫以爲朝車也。「鹿幦」上亦當有「君」字，「朝車」上亦當有「大夫」字，蒙上而省也。下云「士齊車，鹿幦豹犆，」則自言士制，不蒙此文。鄭誤以「大夫齊車」至「士齊車鹿幦豹犆」爲一節，爲之說曰：「臣之朝車與齊車同飾。」然則但曰「大夫士齊車朝車鹿幦豹犆，」豈不簡而易明乎？定四年左傳：「楚人爲食，吳人及之。奔，食而從之。」此文「奔」字一字爲句，言楚人奔也。「食而從之」四字爲句，言吳人食楚人之食，食畢而遂從之也。「奔」上當有「楚人」字，「食而從之」上當有「吳人」字，蒙上而省也。杜注曰「奔食，食者走」，則「奔食」二字，文不成義矣。

二十四　探下文而省例

夫兩文相承，蒙上而省，此行文之恆也。乃有逆探下文而預省上字，此則爲例更變，而古書亦往往有之。舜典：「舜生三十徵庸，三十在位，五十載。」因下句有「載」字，而上二句皆不言「載」。孟子滕文公篇：「夏后氏五十而貢，殷人七十而助，周人百畝而徹。」因下句有「畝」字，而上二句皆不言「畝」，是探下文而省者也。詩七月篇：「七月在野，八月在宇，九月在戶，十月蟋蟀入我牀下。」鄭箋云：自「七月在野」至「十月入我牀下」，皆謂蟋蟀也。按：此亦探下文而省，初無意義。正義曰：「退蟋蟀之文在十月之下者，以人之牀下非蟲所當入，故以蟲名附十月之下，所以婉其文也。」斯曲說矣。牀下既非蟲所當入，何反以蟲名附十月之下乎？

大戴記本命篇：「故男以八月而生齒，八歲而毀齒，一陰一陽，然後成道；二八十六，然後精通，然後其施行。女七月生齒，七歲而毀，二七十四，然後其化成，合於三也，小節也。中古男三十而娶，女二十而嫁，合於五也，中節也。太古男五十而室，女三十而嫁，備於三五，合於八十也。」按：合於三不言三十，合於五不言五十，皆因「合於八十」句有十字而省也。孔氏廣森作補注，乃刪去「十」字，止作「合於八也」，蓋未達古書之例。

二十五　舉此以見彼例

孔子曰：「舉一隅不以三隅反，則不復也。」是以古書之文，往往有舉此以見彼者。禮記王制篇：「大國之卿不過三命，下卿再命，小國之卿與下大夫一命。」鄭注曰：「不著次國之卿者，以大國之下互明之。」正義曰：「以大國之卿不過三命，則知次國之卿不過再命；大國下卿再命，則知次國下卿一命，故云互明之。」又，喪大記篇：「復者朝服，君以卷，夫人以屈狄。」鄭注曰：「君以卷，謂上公也。夫人以屈狄，互言耳。上公以袞，則夫人用褘衣；而侯、伯以鷩，其夫人用揄狄；子男以毳，其夫人乃用屈狄矣。」正義曰：「男子舉上公，婦人舉子男之妻；男子舉上以見下，婦人舉下以見上：是互言也。」又，祭法篇：「燔柴於泰壇，祭天也。瘞埋於泰折，祭地也。用騂犢。」鄭注曰：「地陰祀用黝牲，與天俱用犢，連言爾。」正義曰：「祭地承祭天之下，故連言用騂犢也。」凡此之類，皆是舉此以見彼，學者所當以三隅反者也。

顧氏炎武日知錄曰：「以紂爲弟，且以爲君，而有微子啓；以紂爲兄之子，且以爲君，而有王子比干。竝言之則於文有所不便，故舉此以該彼，此古人文章之善。且如郊社之禮，所以事上帝也，不言后土；地道无成而代有終也，不言臣妻；先王居檮杌於四裔，不言渾敦、窮奇、饕餮。後之讀書者，不待子貢之明，亦當聞一以知二矣。」

錢氏大昕養新錄曰：「古人著書，舉一可以反三，故文簡而義無不該。姑即許氏說文言之：木，東方之行；金，西方之行；火，南方之行；水，北方之行；則土爲中央之行可知也。

鹹，北方味也，而酸、苦、辛、甘皆不言方。霧，水音也，而宮、商、徵、角皆不言音。青，東方色也；赤，南方色也；白，西方色也；而黑不言北方。黄，地之色也；而玄，不言天之色。鐘，秋分之音；鼓，春分之音；而不言二至。笙，正月之音；管，十二月之音；而不言餘月。龍，鱗蟲之長；而毛羽、介蟲之長不言。皆舉一以見例，非有遺漏也。」

昭四年左傳：「左師獻公合諸侯之禮六，子産獻伯、子、男會公之禮六。」其曰公者，蓋兼侯而言。「公合諸侯」，謂公、侯合伯、子、男也。「伯、子、男會公」，謂伯、子、男會公、侯也。哀十三年傳：「伯合諸侯，則侯帥子、男以見於伯。」此「伯」字，杜注謂「諸侯長」，非五等之伯。其曰「侯」者，蓋兼公而言；其曰「子、男」者，蓋兼伯而言：謂公、侯帥伯、子、男以見於伯也。古者公、侯爲一等，伯、子、男爲一等；故舉公可以兼侯，舉侯可以兼公，舉子、男可以兼伯：亦舉此以見彼之例也。

二十六　因此以及彼例

古人之文，省者極省，繁者極繁，省則有舉此見彼者矣，繁則有因此及彼者矣。日知錄曰：「古人之辭，寬緩不迫。得失，失也。史記刺客傳：『多人，不能無生得失。』利害，害也。史記吳王濞傳：『擅兵而別，多佗利害。』緩急，急也。史記倉公傳：『緩急無可使者。』游俠傳：『緩急人所時有也。』成敗，敗也。後漢書何進傳：『先帝嘗與太后不快，幾至成敗。』同異，異也。吳志孫皓傳注：『蕩異同如反掌。』晉書王彬傳：『江州當人強盛時，能立異同。』贏縮，縮也。吳志諸葛恪傳：『一朝贏縮，人情萬端。』禍福，禍也。晉歐陽建臨終詩：『成此禍福端。』」按：此皆因此及彼之辭，古書往往有之。禮記文王世子篇：「養老幼於東序，」因老而及幼，非謂養老兼養幼也。玉藻篇：「大夫不得造車馬，」因車而及馬，非謂造車兼造馬也。

禮記雜記篇：「爲妻，父母在，不杖不稽顙。」正義曰：「按喪服云：『大夫爲適婦，爲喪主。』父爲己婦之主，故父在不敢爲婦杖；若父沒母在，不爲適婦之主，所以母在不杖者，以父母尊同，因父而連言母。」然則因此及彼，經固有此例矣。喪服小記篇：「生不及祖父母諸父昆弟，而父稅喪，己則否。」按：己生之年所不及者，安得有弟？王氏以爲諸父之昆弟，則「諸父」二字足以包之，何必曰「諸父昆弟」乎？劉氏、蔡氏以弟爲衍文，庾氏又曲爲之說，謂「死者爲昆，己爲弟」，不知昆弟親同，因昆而連言弟，亦猶父母尊同，因父而連言母耳。不達古書之例，難以說經矣。

說文女部：「妻之女弟同出爲姨。」按周易渙：「六四，匪夷所思。」釋文曰：「夷，荀本作弟。」又，明夷：「六二，夷於左股。」釋文曰：「夷，子夏本作『睇』，又作『眱』。」然則女弟謂之姨，正以聲近而義通。爾雅釋親曰：「妻之姊妹同出爲姨。」此蓋因妹而連言姊也。

昭十三年左傳：「鄭，伯男也。」正義曰：「周語云：『鄭，伯男也，王而卑之，是不尊貴也。』王肅注此與彼，皆云『鄭，伯爵而連男言之，足句辭也。』」按：王說得之。鄭衆、服虔云鄭在男服，賈逵云男當作南，謂南面之君：竝曲說耳。

管子禁藏篇：「外內蔽塞，可以成敗。」按：此欲其敗，非欲其成，而曰「可以成敗」，乃因敗而連言成也。王氏讀書雜志謂成當爲或，非是。

卷三

二十七　古書傳述亦有異同例

古曰在昔，昔曰先民，蓋古人之書，亦未必不更本於古也。然其傳述或有異同，不必盡如原本。閻氏若璩四書釋地曰：「論語杞、宋竝不足徵，中庸易其文曰『有宋存』。孔子世家言：『伯魚生伋，字子思，嘗困于宋。子思作中庸。』中庸既作於宋，易其文殆爲宋諱乎？且爾時杞既亡而宋獨存，易之亦與事實合。」按閻氏此論，可謂入微，蓄疑十年，爲之冰釋。至宋氏翔鳳附會公羊家說，黜杞而存宋，雖亦巧合，然以本文語氣求之，疑未必然也。

管子小匡篇：「其相曰夷吾，大夫曰甯戚、隰朋、賓胥無、鮑叔牙，用此五子者何功？」按：「五子」當作「四子」，淺人見上有五人而改易其數，不知非作書者之意也。此本國語齊語之文。其文曰：「惟能用管夷吾、甯戚、隰朋、賓須無、鮑叔牙之屬而伯功立。」此是齊國史記所載，乃當時公論也。小匡一篇，多與齊語同，蓋管氏之徒刺取國史以爲家乘，於是更易其文，專美夷吾。明桓公之霸，由其相夷吾，若用此四子，何功之有？下文曰：「則唯有明君在上，察相在下也。」正見齊桓明君，夷吾察相，相得而成，非由此四子也。以齊語參校，改易之迹顯然矣。

列子黃帝篇：「是殆見吾衡氣幾也。鯢旋之潘爲淵，止水之潘爲淵，流水之潘爲淵，濫水之潘爲淵，沃水之潘爲淵，氿水之潘爲淵，雍水之潘爲淵，汧水之潘爲淵，肥水之潘爲淵，是爲九淵，嘗又與來。」按上文：「是殆見吾杜德幾也，嘗又與來。」又曰：「是殆見吾善者幾也，嘗又與來。」而此文「是殆見吾衡氣幾也」，下乃羅列九淵，不特全無意義，且於文氣亦隔絕矣。疑此五十八字，乃它處之錯簡。莊子應帝王篇，卽用此篇文，止列首三句，而總之曰「淵有九名，此處三焉。」蓋以其與本篇文義無關，而古本相傳，又不敢竟從芟薙，姑存大略耳。此亦古人述古之一例也。

禮記月令篇：「孟春行夏令，則雨水不時。」按：仲春之月始雨水，則孟春之月而雨水，卽爲不時矣。漢太初以後，更改氣名，以雨水屬正月，正月雨水，不復爲異。故呂氏春秋孟春紀、淮南子時則篇，竝作「風雨不時」，此太初以後人所追改，以合本朝之制者也。

國語魯語齊孝公來伐章曰：「昔者成王命我先君周文公〔一〕及齊先君太公曰：『女股肱

周室，以夾輔先王。』」按：曰齊先君太公者，别於魯先君太公也。魯亦自有太公，即伯禽是也。上文魯饑章「大懼殄周公、太公之命祀。」周公旦、太公伯禽，並謂魯先君，蓋古始封之祖，並有太稱。說詳羣經平議。此云「齊先君太公」，正古人屬辭之密。左傳易其文曰：「昔周公、太公，股肱周室，以夾輔成王。」則刪改原文而失其義矣。又韋昭注夾輔先王句曰：「先王，武王也。」蓋此本成王之命，故美其夾輔武王之功；左傳易之曰「夾輔成王」，抑又失其義矣。轉相傳述，非復元文，雖古書亦不能無此失也。

二十八　古人引書每有增減例

日知錄曰：「書泰誓：『受有億兆夷人，離心離德；予有亂臣十人，同心同德。』左傳引之則曰：『太誓所謂商兆民離，周十人同者衆也。』淮南子：『舜釣於河濱，期年而漁者爭處湍瀨，以曲隈深潭相與。』爾雅注引之則曰：『漁者不爭隈。』此皆略其文而用其意也。」按：今泰誓僞書，即因左傳語而爲之，不足據。然管子法禁篇引太誓曰：「紂有臣億萬人，亦

〔一〕按國語魯語：周文公作周公，無「文」字。——校點者

有億萬之心；武王有臣三千而一心。」則太誓原文詳而傳所引略，誠如顧氏說也。又按：後漢書郅惲傳：「孟軻以彊其君之所不能爲忠，量其君之所不能爲賊，」亦是略其文而用其意。蓋古人引書，原不必規規然求合也。

孔叢子：孔臧與子琳書引詩曰：「操斧伐柯，其則不遠。」三國志杜恕上疏云：「昔周公戒魯侯曰：『無使大臣，怨何不以。』」晉書載記：苻離上書於苻堅曰：「詩曰：『兄弟急難，朋友好合。』」又，律歷志：楊偉云：「孟軻所謂方寸之基，可使高於岑樓者也。」宋書彭城王義康傳：「詩云：『兄弟雖鬩，不廢親也。』」又，顧覬之傳：「丘明又稱天之所支不可壞，天之所壞不可支。」南齊書蕭子良與孔中丞書：「孟子有云：『君王無好智，君王無好勇。』」舊唐書孫伏伽傳：「論語云：『一言出口，駟不及舌。』」又，崔元亮傳：「孟軻有言：『衆人皆曰殺之，未可也。』」凡此皆用其意而略其文，詳見秀水沈氏懷小篇。按東坡集上神宗皇帝書引書曰：「謀及卿士，至於庶人，翕然大同，乃底元吉，若違多而從少，則靜吉而作凶。」此亦以意引經，北宋時人猶讀古書，其體裁有自也。

說文引詩，往往有合兩句爲一句者。如齊風鷄鳴篇：「東方明矣，朝既昌矣。」日部引作「東方昌矣」。大雅緜篇：「混夷駾矣，維其喙矣。」口部引作「犬夷呬矣」。——皆是也。又酉部醺下，引詩「公尸來燕醺醺」。按：此亦合兩句爲一句者。今詩鳧鷖篇云：「公尸來止熏熏，旨酒欣欣。」熏熏欣欣，傳寫誤倒。本作「公尸來止欣欣，旨酒熏熏。」「熏熏」以旨酒言。猶下句「燔炙芬芬」，「芬芬」以燔炙言也。作「熏」者叚字，說文作「醺」者正字；觀其字從酉，可知其當在旨酒下也。乃觀毛傳所訓，是毛公作傳時已誤，宜近世治說文者莫能見及此矣。

禮記中庸篇：「衣錦尚絅。」正義曰：「詩本文云『衣錦褧衣』，此云『尚絅』者，斷絕詩文也。又俗本云：『衣錦褧裳。』」按：以俗本推之，古本禮記當作「衣錦絅尚」。「尚」者，「裳」之叚字。詩本文云：「衣錦褧衣，裳錦褧裳。」而記人撮舉其辭曰：「衣錦絅尚」，亦猶「東方昌矣」，「犬夷呬矣」之比。俗本「衣錦褧裳」，正是古本相傳之舊，但易叚字而爲本字耳。後人不知古人引經自有此例，又不通叚借，遂移「尚」字於「絅」字之上，於義不可通矣。

二十九　稱謂例

古人稱謂，或與今人不同，有以父名子者。左傳成十六年：「潘尫之黨」，襄廿三年

「申鮮虞之傳摯」是也。有以夫名妻者。左傳昭元年「武王邑姜」是也。並見日知錄。今按：漢書外戚傳：「孝宣王皇后父奉光封邛成侯，成帝即位，爲太皇太后，時成帝母亦姓王氏，故世號太皇太后爲邛成太后。」亦以父名子也。漢書燕剌王旦傳：「旦姊鄂邑蓋長公主。」張晏曰：「蓋侯王信妻也。」師古曰：「當是信子頃侯充。」此亦以夫名妻也。

昭十二年左傳：「殺獻太子之傳庾皮之子過。」按：「子」字衍文，本作「庾皮之過」，亦是以父名子之例。據釋文：「潘尪之黨，一本作潘尪之子黨；「申鮮虞之傳摯，本或作申鮮虞之子傳摯。」蓋皆後人不達古人稱謂之例，而妄加之。

又有以母名女者。襄十九年左傳：「齊侯娶于魯曰顏懿姬，其姪鬷聲姬。」杜注曰：「顏、鬷皆二姬母姓，因以爲號」是也。史記秦本紀：「申侯言於孝王曰：『昔我先酈山女。』」正義曰：「申侯之先娶於酈山。」按：酈山女蓋娶於酈山所生之女，是亦以母名女也。

又有以子名母者。隱元年「惠公仲子」是也。穀梁傳曰：「禮賵人之母則可，賵人之妾則不可，君子以其可辭受之。」蓋繫仲子於惠公，明周以其爲惠公之母而賵之，非以其爲孝公之妾而賵之也，此春秋正名之義也。

至於禮經所稱，則有以事目其人者。特牲饋食禮：「三獻作止爵。」鄭注曰：「賓也，謂三獻者以事命之」是也。下文「嗣舉奠盥入」。按：嗣、舉、奠三字連文。嗣子盥入，而尸爲之舉鉶南所奠之爵，故即命之曰「嗣舉奠」，亦以事目其人之例也。鄭注曰：「舉，猶飲也，」則失其義矣。又，禮記：「王后禕衣，夫人揄狄，君命屈狄。」按：君命，謂世婦也。下文云：「唯世婦命於奠繭。」此經不直曰「世婦屈狄」，而云「君命屈狄」者，若言世婦屈狄，則是凡世婦皆得服之矣。故必曰「君命屈狄」，乃見世婦因奠繭而君命之，始得服也。此亦以事目其人之例也。鄭注曰：「君，女君也。」又失其義矣。

禮記祭義篇：「易抱龜南面。」鄭注曰：「易，官名。」按：此亦以事目其人，非必官名也。

三十　寓名例

史記萬石君傳：「長子建，次子甲，次子乙，次子慶。」甲、乙非名也，失其名而假以名之也。漢書魏相傳：「中謁者趙堯舉春，李舜舉夏，兒湯舉秋，貢禹舉冬。」不應一時四人同以堯、舜、禹、湯爲名，皆假以名之也。說詳日知錄。

莊、列之書多寓名，讀者以爲悠謬之談，不可爲典要；不知古立言者自有此體也，雖論語亦有之，長沮、桀溺是也。夫二子者問津且不告，豈復以姓名通於吾徒哉？特以下文各有問答，故爲假設之名以別之：曰「沮」，曰「溺」，惜其沈淪而不返也。桀之言「傑然」也，「長」與「桀」，指目其狀也。以爲二人之眞姓名，則泥矣。

孝經正義引劉炫述義曰：「炫謂孔子自作孝經，本非曾參請業而對也。夫子運偶陵遲，禮樂崩壞，名教將絕，特感聖心，因弟子有請問之道，師儒有教誨之義，故假曾子之言，以爲對揚之體，乃非曾子實有問也。若疑而始問，答以申辭，則曾子應每章一問，仲尼應每問一答。按經，夫子先自言之，非參請也；諸章以次演之，非待問也。且辭義血脈，文連旨環，而開宗題其端緒，餘音廣而成之，非一問一答之勢也。理有所極，方始發問，又非請業請答之事。首章言『先王有至德要道』，則下章云『此之謂要道也，非至德其孰能順民？』皆遙結首章答曾子也。（按答上疑奪非字）舉此爲例，凡有數科，必其主爲曾子言，首章答曾子已了，何由不待曾子問，更自述而明之？且首起曾參侍坐，與之論孝，開宗明義，上陳天子，下陳庶人，語盡無更端，於曾子未有請，故假參歎孝之大，又說以孝爲理之功；說之已終，欲言其聖道莫大於孝，又假參問，乃說聖人之德不加於孝。在前論敬順之道，未有規諫之事，故須更借曾子言陳諫諍之義。此皆孔子須參問，非參須問孔子也。莊周之斥鷃笑鵬，罔兩問影；屈原之漁父、鼓枻、太卜、拂龜；馬卿之烏有、亡是；揚雄之翰林、子墨；寧非師祖製作，以爲楷模者乎？」按：劉氏此論，最爲通達，然非博覽周、秦古書，通於聖賢著述之體，未有不河漢斯言者矣。

三十一　以大名冠小名例

荀子正名篇曰：「物也者，大共名也；鳥獸也者，大別名也。」是正名百物，有共名別名之殊。乃古人之文，則有舉大名而合之於小名，使二字成文者。如禮記言「魚鮪」，魚其大名，鮪其小名也。左傳言「鳥烏」，鳥其大名，烏其小名也。孟子言「草芥」，草其大名，芥其小名也。荀子言「禽犢」，禽其大名，犢其小名也。皆其例也。

禮記月令篇：「孟夏行春令，則蝗蟲爲災；仲冬行春令，則蝗蟲爲敗。」王氏引之曰：「『蝗蟲』皆當爲『蟲蝗』。此言『蟲蝗』，猶上言『蟲螟』，後人不知而改爲『蝗蟲』，謬矣。」按：上言「蟲」而下言「蝗」，上言「蟲」而下言「螟」；「蟲」，其大名也；「蝗、螟」，其小名也。

中孚傳曰：「乘木舟虛也。」按正義引鄭注曰：「空大木爲之曰虛，總名皆曰舟。」然則舟、虛竝言，舟其大名，虛其小名也。王注曰：「乘木於用舟之虛」，此說殊不了，輔嗣徒習淸言，未達古義也。

爾雅釋獸：「麎牡麌牝麌，鹿牡麚牝麀。」秦風駟驖篇：「奉時辰牡。」「辰」卽「麎」之叚字，詩言「麎牡」，猶襄四年左傳言「麀牡也」。蓋以凡獸言之，則爲「牝牡」；專以麎言，則爲「麎麌」；專以鹿言，則爲「麀麚」。乃詩言「麎牡」，傳言「麀牡」。牡者通凡獸而言，其大名也；曰麌曰麀，專以麎、鹿言，其小名也。毛公傳詩，訓「辰」爲「時」，古語之不能通曉，自六國時已然矣。

三十二 以大名代小名例

古人之文，有舉大名以代小名者，後人讀之而不能解，每每失其義矣。儀禮旣夕篇：「乃行禱于五祀。」鄭注曰：「盡孝子之情。五祀，博言之。士二祀：曰門，曰行。」推鄭君之意，蓋以所禱止門、行二祀，而曰「五祀」者，博言之耳。「五祀」，其大名也；「曰門，曰行」，其小名也。祀門、行而曰「五祀」，是以大名代小名也。賈疏曰：「今禱五祀，是廣博言之，望助之者衆也。」則誤以爲眞禱五祀矣。

荀子正論篇：「雍而徹乎五祀。」楊注於「乎」字絕句，引「論語曰，『三家者以雍徹，』言其僭也。」劉氏台拱曰：「此當以『雍而徹乎五祀』爲句，謂徹乎竈也。周禮膳夫職云，『王卒食，以樂徹于造，』『造』『竈』古字通。大祝六祈：『二曰造。』故書『造』作『竈』，專言之則爲『竈』，連類言之則曰『五祀』，若謂丞相爲三公，左馮翊爲三輔也。」按：劉氏此說，深得古義，足證明鄭注博言之義矣。

春秋之例，通都大邑得以名通，則不繫以國，如楚丘不書衞，下陽不書虢是也。若小邑不得以名通，則但書其國而不書其地，如盟于宋，會于曹，必有所在之地；而其地小，名亦不著，書之史策，後世將不知其所在，故以國書之。此亦舉大名以代小名之例也。後儒說春秋，謂不地者卽於其都也，失之。

三十二　以小名代大名例

又有舉小名以代大名者。詩采葛篇：「一日不見，如三秋兮。」三秋，卽三歲也。歲有四時而獨言秋，是舉小名以代大名也。漢書東方朔傳：「年十三學書，三冬文史足用。」三冬，亦卽三歲也。學書三歲而足用，故下云「十五學擊劍」也。注者不知其舉小名以代大名，乃泥冬字爲說云，「貧子冬日乃得學書，」失其旨矣。

呂氏春秋壅塞篇：「此戴氏之所以絶也。」按：此卽上文齊滅宋之事。戴氏爲宋公族，孟子書有戴盈之、戴不勝，韓非子內儲說有戴驩爲宋太宰，蓋皆戴公之後，世執國柄，與國同休戚者，宋亡則戴氏絶矣。不曰「此宋之所以亡也」，而曰「此戴氏之所以絶也，」亦是以小名代大名之例。此句卽結上之辭，非別一事也。高誘注未達其旨。

三十四 以雙聲疊韻字代本字例

「集」與「就」雙聲，而詩小旻篇：「集」與「猶」、「咎」、「道」爲韻，是卽以「集」爲「就」也。「戎」與「汝」雙聲，而詩常武篇：「戎」與「祖」「父」爲韻，是卽以「戎」爲「汝」也。此以雙聲字代本字之例也。

尙書微子篇：「天毒降災荒殷國，」史記宋微子世家，作「天篤下災亡殷國」。篤者，厚也。言天厚降災咎以亡殷國也。「篤」與「毒」，「亡」與「荒」，皆疊韻。此以疊韻字代本字之例也。

詩天保篇：「君曰卜爾，萬壽無疆。」傳曰：「卜，予也。」楚茨篇：「卜爾百福，」

箋義亦同。按：「卜」之訓「予」，雖本爾雅，然其義絕遠。余嘗疑此「卜」字，卽檀弓「卜人師扶右」之「卜」，當讀爲「僕」。僕者，古人自謙之稱，故訓「予」，與「台」「朕」「陽」一例，非賜予之「予」也。毛、鄭以之說詩，殆未可從。大田篇：「秉畀炎火。」韓詩「秉」作「卜」。「卜」，報也。卜爾之「卜」，亦當訓「報」。卜爾者，報爾也。以雙聲字代本字也。

夏小正：「黑鳥浴。」傳曰：「浴也者，飛乍高乍下也。」按：飛乍高乍下，何以謂之浴，義不可通。「浴」者，「俗」之誤字。說文：「俗，習也。」黑鳥俗，卽黑鳥習也。說文：「習，數飛也。」傳所謂飛乍高乍下者，正合數飛之義。「俗」「習」雙聲，故卽以俗字代習字耳。

「夏」與「暇」疊韻。尙書多方篇：「天惟五年須暇之子孫。」暇卽夏字，言天既降喪于殷，以夏后氏有大功德于民，故以五年須待夏后氏之子孫，冀其克念作聖而作民主也。詩皇矣篇鄭注引此經正作「須夏之子孫」，尙書以「暇」代「夏」，乃以疊韻字代本字。

「轂」與「祿」疊韻。禮記檀弓篇：「齊轂王姬之喪。」按：此王姬乃齊僖公之夫人，魯莊公之外祖母，故下文有「或曰外祖母」之說。僖公名祿父，此云「齊轂」，猶云「齊祿」，斥其名而繫以國，亦猶齊潘、齊環之比。齊穀王姬以夫名妻，亦猶武王邑姜之比，古人自有此稱也。不曰「齊祿」而曰「齊穀」，以疊韻字代本字也。鄭注曰，「穀當爲告，」失其義矣。古書多叚借，雙聲疊韻字之通用者，不可勝舉，略舉一二，以例其餘。

三十五　以讀若字代本字例

錢氏潛研堂集曰：「漢人言『讀若』者，皆文字叚借之例，不特寓其音，幷可通其字。卽以說文言之，『鄦，讀若許，』詩，『不與我戍許，』春秋之許田許男，不必从邑从無也。『𨛜，讀若薊，』禮記，『封黃帝之後於薊，』不必从邑从契也。『璹，讀若淑，』爾雅：『璋大八寸謂之琡，』卽『淑』之譌，不必从玉从壽也。『珣，讀若宣。』爾雅，『璧大六寸謂之宣，』不必从玉从旬也。『赹，讀若煢，』詩，『獨行煢煢，』不必从走从勻也。『𧻚，讀若匐，』詩，『匍匐救之，』不必从走从音也。『丮，讀若戟，』春秋傳，『公戟其手，』不必作『丮』也。『檷，讀若柅，』易，『繫於金柅，』不必改爲『檷』也。『勼，讀若鳩，』書，『方鳩孱功，』不必改爲『勼』也。『慴，讀若疊，』詩，『莫不震疊，』不必改爲『慴』也。『奡，讀若傲，』書，『無若丹朱傲，』不必改爲『奡』也。『橾，讀若藪，』

考工記，『以其圍之泐捎其藪，』不必改爲『槷』也。『㞬，讀爲僕，』孟子，『僕僕爾，』不必改爲『㞬』也。『辛，讀爲愆，』今經典『辠辛』字皆作『愆』。『㓞，讀若創，』今經典『㓞業』字皆作『創』。『亼，讀若集，』今經典『亼合』字皆作『集』。『羍，讀若達，』今詩正作『達』。『㞷，讀若皇，』今周禮正作『皇』。『莧，讀與蔑同，』今尚書『莧席』字正作『蔑』。『咠，讀與聶同，』今春秋『咠北』字正作『聶』。『卟，讀與稽同，』今尚書『卟疑』字正作『稽』。『雀，讀與爵同，』『㪇，讀與施同，』今經典『鳥雀』字多用『爵』，『敷㪇』字皆用『施』。『㥯，讀與隱同，』孟子、莊子『隱几』字不作『㥯』。是皆叚其音，幷叚其義，非後世譬況爲音可同日語也。」按：錢氏此論，前人所未發，頗足備治經之一說。

周易鼎彖傳曰：「鼎，象也。」按：六十四卦，皆觀象繫辭，而獨於鼎言象，義不可通。虞注曰：「象事知器，故獨言象也。」此亦曲爲之說耳。周易「象」字，依說文當作「像」。說文人部：「像，象也。從人象聲，讀若養字之養。」然則「鼎，象也」，猶曰「鼎養也」。下文云：「聖人亨以享上帝，而大亨以養聖賢，」是其義也。學者不知「象」爲「養」之叚字，故不得其義。

呂氏春秋古音篇：「伶倫自大夏之西，乃之阮隃之陰。」按：「隃」本作「侖」，涉上「阮」字從自，而加自旁作「陯」，又誤爲「隃」耳。阮者，昆之叚字。說文繫傳自部：「阮，代郡五阮關也。從自，元聲，讀若昆。」阮讀若昆，故卽叚阮爲昆，「阮侖」卽「昆侖」也。漢書律曆志正作「昆侖」可證。凡讀若字，義本得通，故彼此可以叚借也。

三十六 美惡同辭例

古者美惡不嫌同辭，如：「退食自公，委蛇委蛇，」詩人之所美也；而左傳云，「衡而委蛇必折，」則「委蛇」又爲不美矣。「豈弟君子，民之父母，」詩人之所美也；而齊風云，「魯道有蕩，齊子豈弟；」傳曰，「言文姜於是樂易然；」正義足成其義曰，「於是樂易然，曾無慙色」則「豈弟」又爲不美矣。「齊子豈弟」本與下章「齊子翺翔」一律，而鄭必破作「闓圛」，謂與上章「齊子發夕」一律。蓋以他言「豈弟」者，皆美而非刺，故不從傳義。不知古人美惡不嫌同辭，學者當各依本文體會，未可徒泥其辭也。

詩皇矣篇：「無然畔援。」箋云：「畔援，猶跋扈也。」韓詩曰：「畔援，武強也。」按：「畔援」卽「畔喭」。論語先進篇鄭注：「子路之行，失於畔喭。」正義曰：「言子路性行剛強，常㕧𠿑失禮容也。」」正與鄭、韓義合。「𠿑」之爲「援」，猶「畔」之爲「㕧」，聲近而義通矣。玉篇又作「無然伴换」，古雙聲疊韻字無一定也。卷阿篇：「伴奐爾游矣。」伴奐，卽伴換也。箋曰：「伴奐，自縱弛之意。」蓋卽跋扈之意而引申之。是故「畔援」也，「伴奐」也，一而已矣。「畔援」爲不美之辭，而「伴奐」爲美之之辭，美惡不嫌同辭也。訪落篇：「將予就之，繼猶判渙。」判渙，亦卽伴奐也。傳、箋均未得判奐之義。判渙亦自縱弛也，言將助我而就之，猶不免於縱弛也。是故「伴奐」也，「判渙」也，一而已矣。「伴奐」爲美之之辭，「判渙」又爲不美之辭，美惡不嫌同辭也。

禮記孔子閒居篇：「耆欲將至。」鄭注曰：「謂其王天下之期將至也。」按：中庸篇：「禍福將至。」此云耆欲，卽福也。美惡不嫌同辭。月令篇：「節耆欲，禁耆欲。」以耆欲之不善者言也。祭統篇：「興舊耆欲。」此云耆欲將至，以耆欲之善者言也。王肅作家語，改作「有物將至」，足徵其不達古義矣。

三十七　高下相形例

昭十三年左傳：「子產、子大叔相鄭伯以會。子產以幄幕九張行，子大叔以四十，既而悔之，每舍損焉。及會亦如之。」「癸酉退朝，子產命外僕速張於除，子大叔止之，使待明日。及夕，子產聞其未張也，使速往，乃無所張矣。」注曰：「傳言子產每事敏於大叔。」按：子產與子大叔，皆鄭國賢大夫，傳者欲言子產之敏，乃極言子大叔之不敏，此高下相形之例也。禮記檀弓篇：「曾子襲裘而弔，子游裼裘而弔，曾子指子游而示人曰：『夫夫也爲習於禮者，如之何其裼裘而弔也？』主人既小斂，袒括髮，子游趨而出，襲裘帶絰而入，曾子曰：『我過矣！我過矣！夫夫是也。』」按：曾子、子游，皆聖門高弟，記人欲言子游之知禮，乃先言曾子之不知禮，亦高下相形之例也。後世記載之家，但有簿領而無文章，莫窺斯祕，於是讀古人之書，亦不得其抑揚之妙，徒泥字句以求之，往往失其義矣。

孟子離婁篇：「曾子養曾皙，必有酒肉。將徹，必請所與；問有餘，必曰『有』。曾皙死，曾元養曾子，必有酒肉。將徹，不請所與；問有餘，曰『亡矣』！將以復進也。」此亦舉曾元之養口體，以形曾子之養志，學者不可泥乎其詞。

三十八　敍論竝行例

僖三十三年左傳：「秦伯素服郊次，鄉師而哭曰：『孤違蹇叔，以辱二三子，孤之罪也。』

不替孟明，『孤之過也；大夫何罪？且吾不以一眚掩大德。』」王氏念孫曰：「『不替孟明』下有『曰』字，而今本脫之。『不替孟明』及『曰』字，皆左氏記事之詞。自『孤之過也』下，方是穆公語。上文穆公鄉師而哭，既罪己而不罪人矣，於是不廢孟明而復用之，且謂之曰：『孤之過也，大夫何罪？』若如今本，穆公既以不替孟明爲己過，則孟明不可用矣；何以言『大夫何罪？』又言『不以一眚掩大德』乎？」今按：王氏解「不替孟明」句是也；謂今本脫「曰」字非也。自唐石經以來，各本皆無「曰」字，未可以意增加。蓋古人自有敍、論竝行之例，前後皆穆公語，中間著此「不替孟明」四字，竝未閒以他人之言，「孤違蹇叔」與「孤之罪也」，語出一口，讀之自明，原不必加「曰」字也。如昭三年傳：「則使宅人反之，『且諺曰：「非宅是卜，唯鄰是卜。」二三子先卜鄰矣。』」按：「則使宅人反之，」左氏記事之辭；「且諺曰」以下，晏子之語，中閒無「曰」字，卽其例矣。

史記屈原傳，敍事中閒以議論，論者以爲變體。愚按趙世家云：「以至父子俱死，爲天下笑，豈不悲乎？」魏世家云：「惠王之所以身不死，國不分者，二家謀不和也。若從一家之謀，魏必分矣。故曰：『君終無適子，其國可破也。』」皆於敍事中入議論，古人之文無定法也。

三十九　實字活用例

宣六年公羊傳：「勇士入其大門，則無人門焉者。」上「門」字實字也，下「門」字則爲守是門者也。襄九年左傳：「門其三門。」下「門」字實字也，上「門」字則爲攻是門者矣。此實字而活用者也。爾雅釋山：「大山宮，小山霍。」郭注曰：「宮謂圍繞之宮。」本實字，而用作圍繞之義，則活矣。宣十二年左傳：「屈蕩戶之，」杜注曰：「戶，止也。」戶本實字而用作止義，則活矣。又如規矩字皆實字。國語周語：「其母夢神規其臀以墨。」韋注曰：「規，畫也。」此規字活用也。考工記：「必矩其陰陽。」鄭注曰：「矩，謂刻識之也。」此矩字活用也。經典中如此者，不可勝舉。

執持於手卽謂之手。莊十二年公羊傳：「手劍而叱之。」、禮記檀弓篇：「子手弓而可」是也。懷抱於腹卽謂之腹。詩蓼莪篇：「出入腹我，」是也。史記司馬相如傳：「手熊羆，足野羊。」注曰：「手足，謂拍蹴殺之。」手所拍卽謂之手，足所蹴卽謂之足，古人用字之法也。

尊者，酒器也。儀禮注曰：「置酒曰尊，」則尊字活用矣。席也，筵也，敷布之具也。儀禮注曰：「席，敷席也。筵，布席也。」則席字筵字活用矣。蓋在禮經卽有此例。史記東越傳：「即鏦殺王。」以鏦殺人而即謂之鏦。張釋之馮唐傳：「五日一椎牛。」以椎殺牛而即謂之椎，皆此例也。

按：此解非是。莊三十一年公羊傳：「旗獲而過我也。」解詁曰：「旗獲，建旗縣所獲得以過我也。」閔二年左傳：「佩，衷之旗也。」杜注曰：「旗，表也。」然則「旗獲而過我」，謂表示其所獲之物而過我也。蓋旌旗之屬，所以表示行列。國語晉語：「車無退表。」韋注曰：「表，旌旗也。」故旌與旗竝有表義。僖二十四年左傳：「且旌善人。」哀十六年傳：「猶將旌君以徇於國。」杜注竝曰：「旌，表也。」旗之爲表，猶旌之爲表也。旌、旗，皆實字，而用作表示之義，則實字而活用矣。解者不達此例，乃以爲「縣所獲於旗」，豈旌君以徇於國，亦將縣之於旌乎？

以女妻人即謂之女，以食飤人即謂之食，古人用字類然；經師口授，恐其疑誤，異其音讀，以示區別，於是何休注公羊，有長言、短言之分；高誘注淮南，有緩言、急言之別。詩：「興雨祁祁，雨我公田。」釋文曰：「興雨如字，雨我于付反。」左傳：「如百穀之仰膏雨也，若常膏之。」釋文曰：「膏雨如字，膏之古報反。」苟知古人有實字活用之例，則皆可以不必矣。

卷四

四十　語詞疊用例

大雅緜篇："迺慰迺止，迺左迺右，迺疆迺理，迺宣迺畝。"四句中疊用八"迺"字。尚書多方篇："曾是彊禦，曾是掊克，曾是在位，曾是在服。"四句中疊用四"曾是"字。尚書多方篇："爾曷不忱裕之于爾多方？爾曷不夾介乂我周王享天之命？今爾尚宅爾宅，畋爾田，爾曷不惠王熙天之命？爾乃迪屢不靜，爾心未愛，爾乃不大宅天命，爾乃屑播天命，爾乃自作不典，圖忱于正。"十一句中疊用三"爾曷不"字，四"爾乃"字，皆疊用語詞以成文者也。

禮記哀公問篇："卽安其居，節醜其衣服。"按：鄭君作注時，蓋作"卽安其居，卽醜其衣服。"故注曰："卽，就也。醜，類也。就安其居處，正其衣服。"以一"就"字總釋兩"卽"字也。因"卽"誤作"節"，正義誤以鄭注"正"字是釋"節"字，而有"節，正也"之說，非鄭意矣。然鄭注亦未安，兩"卽"字均當讀作"則"，古字通。大戴禮哀公問於孔子篇作「則安其居處，醜其衣服，」可證也。此文疊用兩「卽」字，皆承上之詞，猶云「則安其居，則醜其衣服」也。射義篇：「則燕則譽，」文法與此同，但句有長短耳。

周官邍師職：「辨其丘陵墳衍邍隰之名物之可以封邑者。」按：兩「之」字疊用，「之名物」、「之可以封邑者」，竝蒙丘陵墳衍邍隰而言。蓋旣辨其名物，又辨其可以封邑者，故總言丘陵墳衍邍隰於上，而以兩「之」字分承於下也。鄭注以「物之」二字爲句，失其讀矣。

賈子服疑篇：「是以高下異，則名號異，則權力異，則事勢異，則旗章異，則符瑞異，則禮寵異，則秩祿異，則冠履異，則衣帶異，則環佩異，則車馬異，則妻妾異，則澤厚異，則宮室異，則牀席異，則器皿異，則飲食異，則祭祀異，則死喪異。」此十九句，疊用十九「則」字，文法奇絕。建本於「則死喪異」下又加「則」字，是誤於則字絕句，由不達古人文法之變也。又數甯篇：「因諸侯附親軌道，致忠而信上耳。」自此以下，凡用「因」字「耳」字者十，其句法皆同。班固删改以入漢書，大失賈子之眞。人人習讀漢書，不覩賈子原文，遂亦無襲用此句法者矣。

古人之文，每以「故」字相承接，似複而實非複。禮記禮運篇：「故君者所明也，非明人者也；君者所養也，非養人者也；君者所事也，非事人者也。故君明人則有過，養人則不足，事人則失位。故百姓則君以自治也，養君以自安也，事君以自顯也。故禮達而分定，故人皆愛其死而患其生。」此段一氣相承而用五「故」字。又樂記篇：「是故知聲而不知音者，禽獸是也；知音而不知樂者，衆庶是也；唯君子爲能知樂。是故審聲以知音，審音以知樂，而治道備矣。是故不知聲者，不可與言音；不知音者，不可與言樂。」此段亦一氣相生而用三「是故」字。

子書中如此者尤多，墨子親士篇：「是故比干之殪，其抗也；孟賁之殺，其勇也；西施之沈，其美也；吳起之裂，其事也。故彼人者，寡不死其所長。故曰太盛難處也。故雖有賢君，不愛無功之臣；雖有慈父，不愛無益之子。是故不勝其任而處其位，非此位之人也；不勝其爵而處其祿，非此祿之士也。」韓非子主道篇：「故曰『君無見其所欲，君見其所欲，臣將自雕琢；君無見其意，君見其意，臣將自表異。』故曰『去好去惡，臣乃見素；去舊去智，臣乃自備。』故有智而不以慮，使萬物知其處；有行而不以賢，觀臣下之所因；有勇而不以怒，使羣臣盡其武。是故去智而有明，去賢而有功，去勇而有強。」若此之類，並於一簡中疊用「故」字、「是故」字、「故曰」字，彌見古人文氣之厚。偶舉此二則，以例其餘。

墨子尙賢中篇：「是以民皆勸其賞，畏其罰，相率而爲賢者，以賢者衆而不肖者寡。」按：「相率而爲賢」，絕句，「者」字乃「是」字之誤，屬下讀；惟其相率而爲賢，是以賢者衆而不肖者寡也。兩句疊用「是以」字，亦古書之恆例。今誤作「相率而爲賢者」，則是民之相率爲賢，以賢者衆不肖者寡之故，義不可通矣。

四十一　語詞複用例

古人用助語詞，有兩字同義而複用者。左傳：「一薰一蕕，十年尙猶有臭。」尙，即猶也。禮記：「人喜則斯陶。」斯，卽則也。此顧氏炎武說。「何」謂之「庸何」。文十八年左傳：「人奪女妻而不怒，一抶汝，庸何傷？」庸，亦何也。「詎」謂之「庸詎」。莊子齊物論篇：「庸詎知吾所謂知之非不知邪？庸詎知吾所謂不知之非知邪？」庸，亦詎也。「安」謂之「庸安」。荀子宥坐篇：「女庸安知吾不得之桑落之下？」庸，亦安也。「孰」謂之「庸孰」。大戴記曾子制言篇：「庸孰能親汝乎？」庸，亦孰也。此王氏引之說。

尙書秦誓篇：「尙猶詢茲黃髮。」言「尙」又言「猶」。禮記三年問篇：「然後乃能去之。」言「然後」又言「乃」。莊子逍遙遊篇：「而後乃今將圖南。」言「而後」又言「乃」。

史記商君傳：「乃遂去之秦。」言「乃」又言「遂」。漢書食貨志：「天下大氐無慮皆鑄金錢矣。」言「大氐」又言「無慮」。

管子山國軌篇曰：「此若言何謂也？」地數篇曰：「此若言可得聞乎？」輕重丁篇曰：「此若言曷謂也？」言「此」又言「若」，若亦此也。後人不達古語，有失其讀者，有誤其文者。禮記曾子問篇：「以此若義也。」鄭君讀「以此」爲句，「若義也」爲句，則失其讀矣。荀子儒效篇：「行一不義，殺一無罪，而得天下，不爲也。此若義信乎人矣。」今本「若」誤作「君」，則誤其文矣，由不達古書用助語之例也。

四十二　句中用虛字例

虛字乃語助之詞，或用於句中，或用於首尾，本無一定；乃有句中用虛字而實爲變例者。如「螽斯羽」，言螽羽也；「兔斯首」，言兔首也。毛傳以「螽斯」爲「斯螽」，鄭箋以「斯首」爲「白首」，均誤以語詞爲實義。辨見王氏經傳釋詞。

禮記射義篇，「又使公罔之裘，」鄭注曰：「之，發聲也。」僖二十四年左傳，「介之推不言祿，」杜注曰：「之，語助。」按：於人名氏之中用語助，此亦句中用虛字之例也。

尚書君奭篇，「迪惟前人光，」猶云「惟迪前人光」也。故枚傳曰：「但欲蹈行先王光大之道。」又曰，「天惟純佑命，」猶云「惟天純佑命」也。故枚傳曰：「惟天大佑助其王命。」乃經文不曰「惟迪」而曰「迪惟」，不曰「惟天」而曰「天惟」，此亦句中用虛字之例，乃古人文法之變也。

詩無羊篇，「牧人乃夢：衆維魚矣，旐維旟矣。」按：「衆維魚矣」，猶云「維衆魚矣」；「旐維旟矣」，猶云「維旐旟矣」；與斯干篇「吉夢維何？維熊維羆，維虺維蛇」一律。彼「維」字用之句首，而此「維」字用之句中，乃古人文法之變也。後人不達此例，而異義橫生矣。

四十三　上下文變換虛字例

古書有疊句成文而虛字不同者。尚書洪範篇：「水曰潤下，火曰炎上，木曰曲直，金曰從革，土爰稼穡。」上四句用「曰」字，下一句用「爰」字。爰，即曰也。爾雅釋魚篇：「俯者靈，仰者謝，前弇諸果，後弇諸獵。」前兩句用「者」字，後兩句用「諸」字。諸，即者也。史記貨殖傳：「智不足與權變，勇不足以決斷，仁不能以取予。」上一句用「與」字，下二句用「以」字。與，卽以也。論語述而篇：「富而可求也，雖執鞭之士，吾亦爲之；如不可求，從吾所好。」上句用「而」字，下句用「如」字。孟子離婁篇：「文王視民如傷，望道而未之見。」上句用「如」字，下句用「而」字。而，卽如也。禮記文王世子篇：「文王九十七乃終，武王九十三而終。」上句用「乃」字，下句用「而」字。而，卽乃也。鹽鐵論：「忠焉能勿誨乎？愛之而勿勞乎？」崔駰大理箴：「或有忠能被害，或有孝而見殘。」上句用「能」字，下句用「而」字。能，卽而也。墨子明鬼篇：「非父則母，非兄而姒。」史記欒布傳：「與楚則漢破，與漢而楚破。」上句用「則」字，下句用「而」字。而，卽則也。

周易繫辭傳：「是故變化云爲，吉事有祥。」按：廣雅釋詁曰：「云，有也。」「變化云爲」，卽「變化有爲」，與「吉事有祥」一律，特虛字不同耳。變化有爲，故象事知器；吉事有祥，故占事知來。正義分變化云爲爲四事，則與下文不屬矣。大戴記哀公問五義篇：「口不能道善言，而志不邑邑。」按下句本作「志不而邑邑」，與上句「口不能道善言」一律，特虛字不同耳。而，卽能也。荀子哀公篇作「口不能道善言，心不知色色。」心，卽志也，不知，卽不能也；以彼證此，其義自見。淺人不知「而」與「能」通，改作「而志不邑邑」，則與上句不倫矣。又誥志篇：「在國統民如恕，在家撫官而國。」按「恕」乃「孥」字之誤。

「在國統民如孥，在家撫官而國，」兩句本一律，特虛字不同耳。而，亦如也。「統民如孥」，猶言愛民如子。孔氏廣森作補注，不知「恕」字之誤，乃欲互易其「如而」兩字，爲之說曰：「君統民而能恕，大夫撫私臣如在國，」則兩句不倫矣。禮記檀弓篇：「爲爾哭也來者，拜之，知伯高而來者勿拜也。」按韋昭注國語周語曰：「知政，猶爲政也。」高誘注呂氏春秋長見篇曰：「知，猶爲也。」「知伯高而來者，猶曰「爲伯高而來者」，與「爲爾哭也來者」相對成文，特虛字不同耳。正義曰，「若與伯高相知而來哭者，」則誤解知字，而兩句不一律矣。又：「蠶則績而蟹有匡，范則冠而蟬有緌，兄則死而子皐爲之衰。」按：孟子滕文公篇趙注曰：「爲，有也。」是「有」與「爲」義通。「蟹有匡」，即「蟹爲匡」，「蟬有緌」，即「蟬爲緌」，與「子皐爲之衰」文義相同。以上兩句喻下一句也，特虛字不同耳。注曰，「蚩兄死者，言其衰之不爲兄死，如蟹有匡，蟬有緌，不爲蠶之績，范之冠也，」則與語意不合矣。

爾雅釋詁，「粵、于、爰，曰也；」而爰、粵、于三字，又訓「於」，是「曰」「於」義同。禮記禮運篇，「其降曰命，其官於天也，」言其降於教命者，皆其法於天者也。上句用「曰」一字，下句用「於」字，亦虛字變換之例。

尹知章注管子戒篇曰：「爲，猶與也。」是「爲」「與」義同。列子仲尼篇曰：「無言與不言，無知與不知，亦言亦知。」按：上云「用無言、爲言、亦言，無知、爲知、亦知。」此承上文而更進一義，猶云「無言爲不言，無知爲不知，亦言亦知」也。上用「爲」字，此用「與」字，亦虚字變换之例。

四十四 反言省乎字例

「嚚訟，可乎？」「乎」字已見於堯典，是古書未嘗不用「乎」字。然「乎」者語之餘也，讀者可以自得之。古文簡質，往往有省「乎」字者。尚書西伯戡黎篇，「我生不有命在天？」據史記則句末有「乎」字。呂刑篇，「何擇非人？何敬非刑？何度非及？」史記作「何擇非其人，何敬非其刑，何居非其宜乎？」則亦當有「乎」字，皆經文從省故也。

老子弟五章：「天地之閒，其猶橐籥乎？」易州唐景龍二年刻石本無「乎」字。弟十章：「抱一能無離乎？專氣致柔，能嬰兒乎？滌除玄覽，能無疵乎？愛民治國，能無知乎？天門開闔，能無雌乎？明白四達，能無爲乎？」河上公本，此六句竝無「乎」字。蓋無「乎」字者，古本也；有「乎」字者，後人以意加之也。七十七章：「是以聖人爲而不恃，功成而不處，其不欲見賢。」末句當云「其不欲見賢乎？」文義始明。而各本皆未增加，猶老子原文也。逸周書大戒篇：「連官集乘，同憂若一，謀有不行。」按：「不行」下亦當有「乎」字，「謀有不行乎？」言必行也。太玄唐次五，「奔鹿懷鼷，得不訾。」按：「得不訾」下亦當有「乎」字，「得不訾乎？」范望注所謂「必肆詆毀於賢者」也。法言問明篇，「鳳鳥蹌蹌，匪堯之庭。」按：「匪堯之庭」下，亦當有「乎」字。吳祕曰：「治則見，非堯之庭乎？」是其義也。凡若此類，當善會之；雖不可增加，以失古書之舊，然亦不可不知。讀者毋以反言爲正言，致與古人意旨刺謬也。

四十五　助語用不字例

不者，弗也。自古及今，斯言未變，初無疑義。乃古人有用「不」字作語詞者，不善讀之，則以正言爲反言，而於作者之旨大謬矣。斯例也，詩人之詞尤多。車攻篇：「徒御不警，大庖不盈。」傳曰：「不警，警也；不盈，盈也。」桑扈篇：「不戢不難，受福不那。」傳曰：「不戢，戢也；不難，難也。那，多也；不多，多也。」文王篇：「有周不顯，帝命不時。」傳曰：「不顯，顯也；不時，時也。」生民篇：「上帝不寧，不康禋祀。」傳曰：「不寧，寧也；不康，康也。」卷阿篇：「矢詩不多。」傳曰：「不多，多也。」凡若此類，傳義已明且晳矣；乃毛公亦偶有不照者。如思齊篇：「肆戎疾不殄。」不，語詞也。傳曰，「大疾害人者，不絕之而自絕也，」則誤以「不」爲實字矣。亦有毛傳不誤而鄭箋誤者。如常棣篇：「鄂不韡韡。」傳曰：「鄂，猶鄂鄂然，言外發也。韡韡，光明也。」是「不」語詞也。箋云，「不當爲柎，古聲同，」則誤以「不」爲叚字矣。王氏引之作經傳釋詞，始一一辨正之，眞空前絕後之學。今姑舉數事，聊以見例，且補王氏所未及。

杕杜篇：「嗟行之人，胡不比焉？人無兄弟，胡不佽焉？」按：兩「不」字皆語詞。爾雅曰：「行，道也。」行之人，卽道之人，猶荀子性惡篇所謂「塗之人」也。詩人之意，謂「彼道路之人，胡親比之有？人無兄弟，胡佽助之有？」鄭君不知兩「不」字皆語詞，乃云「女何不輔君爲政令？」又云「何不相推佽而助之？」正義因言「猶冀他人輔之。」上文明言「豈無他人，不如我同父？」乃冀他人輔助，失詩旨甚矣。

東山篇：「不可畏也，伊可懷也。」按：「不」，語詞，「伊」，亦語詞。言室中久無人，荒穢如此，可畏亦可懷也。箋云，「是不足可畏，乃可爲憂思，」則語意迂曲矣。

狼跋篇：「德音不瑕。」按：「不」，語詞，「瑕」與「遐」通，遠也，言其德音之遠也。

傳訓「瑕」爲「過」，箋以「不可疵瑕」說之，均未達「不」字之旨。

論語微子篇：「四體不勤，五穀不分。」按：兩「不」字皆語詞。丈人蓋自言「惟四體是勤，五穀是分而已；安知爾所謂夫子？」若謂以「不勤」「不分」責子路，則不情甚矣。安有萍水相逢，遽加面斥者乎？

四十六　也邪通用例

論語：「君子人與？君子人也。」朱注曰：「與，疑詞；也，決詞。」乃古人之文則有以「也」字爲疑詞者。陸氏經典釋文序所謂「邪、也弗殊」，是也。使不達此例，則以疑詞爲決詞，而於古人之意大謬矣。今略舉數事以見例，其已見于王氏經傳釋詞者，不及焉。

大戴記本命篇：「機其文之變也？其文變也。」按：「機」當作「幾」，而讀爲「豈」，古書每以「幾」爲「豈」字。荀子榮辱篇曰：「幾直夫芻豢稻粱之縣糟糠爾哉？」又曰：「幾不甚善矣哉？」大略篇曰：「幾爲知計哉？」竝其證也。「幾其文之變也，其文變也。」上「也」字當讀爲「邪」，此兩句乃自爲問答之詞。

論語八佾篇：「子入太廟，每事問。或曰：『孰謂鄹人之子知禮乎？入太廟，每事問。』

子聞之曰：『是禮也？』」按：此章乃孔子歎魯祭之非禮也。魯僭禮之國，太廟之中，犧牲服器之等，必有不如禮者。子入太廟，每事問，所以諷也。或人不諭，反有孰謂知禮之譏，故夫子曰：「是禮也？」「也」讀爲「邪」，乃反詰之詞，正見其非禮也。學者不達「也」、「邪」通用之例，以反言爲正言，而此章之意全失矣。

論語中以「也」爲「邪」者甚多：「子張問十世可知也？」「井有人焉其從之也？」「豈若匹夫匹婦之爲諒也？」諸「也」字竝當讀爲「邪」。又如：「事君盡禮，人以爲諂也？」子曰：「其事也？」兩「也」字亦必讀爲「邪」，方得當日語氣。以本字讀之，則神味爲之索然矣。

孟子萬章篇：「書曰，『祗載見瞽瞍，夔夔齊栗，瞽瞍亦允。』若是，爲父不得而子也？」按：此節「瞽瞍亦允」四字爲句，趙注所謂瞍亦信知舜之大孝也。「若是」二字爲句。「爲父不得而子也？」「也」讀爲「邪」，乃詰問之辭，正所以破咸丘蒙之說。東晉古文尚書竊其語，入大禹謨篇，而以「允若」連文，蓋由不達古語，故誤讀孟子。

晏子春秋諫上篇：「寡人出入不起，交舉則先飲，禮也？」「也」當讀爲「邪」，乃詰問晏子之詞。

亦有應用「也」字而以「與」字代之者，使失其讀，則正言若反矣。禮記祭義篇：「夫人曰：『此所以爲君服與。』」「與」卽「也」字。世婦獻繭，本以爲君服，初無所疑，何待致問。下文：「古之獻繭者其率用此與。」「與」亦「也」字，乃記人之辭，以結上文言「古之獻繭者」，其法用此也。鄭不解「與」字之義，誤以爲問者之辭，正義幷以爲夫人致問，失經意甚矣。

四十七　雖唯通用例

說文「雖蟲從蟲唯」聲，凡聲同之字，古得通用。然「雖」之與「唯」，語氣有別，不達古書通用之例，而以後世文理讀之，則往往失其解矣。禮記表記篇：「唯天子受命於天。」鄭注曰：「唯當爲雖。」此「雖」「唯」通用之明見於經典者。今於王氏釋詞之外，舉數事見例。

尚書洛誥篇：「女惟沖子惟終。」按：尚書無「唯」字，今文作「維」，古文作「惟」，卽「唯」字也。此句兩「惟」字，上「惟」字當讀爲「雖」。「女雖沖子惟終」，與召誥「有王雖小元子哉」文義正同。「終」讀爲「崇」。君奭篇：「其終出于不祥；」馬本作「崇」，是古字通用也。言女雖沖幼，然女位甚尊崇，故宜敬識百辟享也。又，詩抑篇：「女雖湛樂從。」此「雖」字當讀爲「惟」。「女惟湛樂從」，猶尚書無逸篇曰「惟耽樂之從也」。枚傳不知「女惟」之當作「女雖」，鄭箋不知「女雖」之當作「女惟」，胥失之矣。

論語子罕篇：「雖覆一簣；進，吾往也。」按：此「雖」字當讀爲「唯」，言平地之上，唯覆一簣，極言其少；正與「未成一簣」相對成義。又，鄉黨篇：「肉雖多不使勝食氣，唯酒無量不及亂。」按：此「唯」字當讀爲「雖」，與上「肉雖多」一例。古書一簡中上下異字，往往有之。「無量」即儀禮所謂「無算爵」，言雖飲酒至無算爵之時，不及於亂也。論語此兩篇正相連，而一「雖」字當讀「唯」，一「唯」字當讀「雖」，亦可見古書之難讀矣。

禮記內則篇：「夫婦之禮，唯及七十，同藏無閒；故妾雖老，年未滿五十，必與五日之御。」按：此經「唯」字當讀爲「雖」，與「妾雖老」一例。一用「唯」字，一用「雖」字；猶鄉黨篇「肉雖多」，「唯酒無量」，亦一用「唯」字，一用「雖」字也。夫婦之禮，雖及七十，同藏無閒，明不以衰老而見疏；外妾則不必然矣，然雖老而未滿五十，必與五日之御，亦不以衰老而見疏外也。兩句一義，中閒用「故」字承接，其義可見。鄭注不知上「唯」字之當讀爲「雖」，于是不得其解矣。

四十八　句尾用故字例

凡經傳用「故」字，多在句首，乃亦有在句尾者。禮記禮運篇：「則是無故，先王能脩禮以達義，體信以達順故。」此「故」字在句尾者也。下云：「此順之實也。」鄭注曰：「實，猶誠也，盡也。」正義於此節逐句分疏，而不别出「此順之實也」句，但云「則是無故者，言致此上事，則是更無他故，由先王能脩禮達義，體信達順之誠盡，故致此也。」牽合下句解之，似尚失其讀也。

大戴記曾子制言篇：「今之所謂行者，犯其上，危其下，衡道而彊立之，天下無道故。若天下有道，則有司之所求也。」王氏引之曰：「故字當屬上讀，言犯上危下之人，所以幸而免者，天下無道故也。若天下有道，則有司誅之矣。」按：王説是也。盧辯注誤以「故若」二字爲句；孔氏廣森補注，亦未能訂正。

四十九　句首用焉字例

凡經傳用「焉」字，多在句尾，乃亦有在句首者。禮記鄉飲酒義：「焉知其能和樂而不流也，焉知其能弟長而無遺矣，焉知其能安燕而不亂也。」劉氏台拱曰：「三『焉』字皆當下屬。『焉』，語詞，猶『於是』也。」按：王氏釋詞，「焉」字作「於是」解者數十事，文繁不具錄。

孟子離婁篇：「聖人既竭目力，焉繼之以規矩準繩，以爲方員平直，不可勝用也。既竭耳力，焉繼之以六律正五音，不可勝用也。既竭心思，焉繼之以不忍人之政，而仁覆天下矣。」按：此三「焉」字亦當屬下讀，「焉」猶「於是」也。

五十　古書發端之詞例

凡發端之詞，如書之用「曰」字，詩之用「誕」字，皆是也。乃有發端之詞，與今絕異者，略舉數事以見例。

「乃」者，承上之詞也；而古人或用以發端，堯典「乃命羲和」是也。周官小司徒職：「乃頒比灋于六鄉之大夫」，「乃會萬民之卒伍而用之」，「乃均土地以稽其人民而周知其數」，「乃經土地而井牧其田野」，「乃分地域而辨其守。」凡五段文字，皆以「乃」字領之。

「故」者，承上之詞也；而古人亦或用以發端。禮記禮運篇：「故聖人參於天地，竝於鬼神」以下，正義標「故聖至地也」爲一節，「故君至其生」爲一節，「故用至之變」爲一節，「故聖至爲之」爲一節。又，「故人者其天地之德」以下，正義標「故人至氣也」爲一節，「故天至質也」爲一節，「故人至爲畜」爲一節。又，「故先王秉蓍龜」以下，正義標「故先至有序」爲一節，「故宗至至正」爲一節，「故禮至藏也」爲一節。又，「故禮義也者人之大端也」以下，正義標「故禮至其禮」爲一節，「故禮至以薄」爲一節，「故聖至者尊」爲一節，「故治至危也」爲一節，「故禮至實也」爲一節。是每節皆以故字發端。

「若夫」者，轉語之詞也；而古人或用以發端。王氏釋詞引大戴記衞將軍文子篇：「文子曰：『若夫知賢，人莫不難。』」孝經：「曾子曰：『若夫慈愛恭敬，安親揚名，則聞命矣。』」竝其證也。禮記曲禮篇：「若夫坐如尸，立如齊。」劉原夫曰：「此乃大戴禮曾子事父母篇之辭，曰：『孝子惟巧變，故父母安之。若夫坐如尸，立如齊，弗訊不言，言必齊色，此成人之善者也，未得爲人子之道也。』此篇蓋取彼文，而『若夫』二字失於删去，鄭氏不知，乃謂此二句爲丈夫之事，誤矣。」按：鄭君此注誠誤，然謂失於删去，則記人亦所不受，蓋在彼文用爲轉語，而在此文用爲發端，原不必删也。

禮記中庸篇「今夫天」一節，四用「今夫」爲發端，此近人所習用者；乃或變其文爲「今是」。禮記三年問篇，「今是大鳥獸；」荀子禮論篇「今是」作「今夫」。荀子宥坐篇，「今夫世之陵遲亦久矣；」韓詩外傳「今夫」作「今是」；竝其證也，王氏釋詞已及之。乃或又叚「氏」爲「是」而作「今氏」。墨子天志下篇，上云「今是楚王食於楚之四境之內」，「今是」卽「今夫」也。下云「今氏大國之君」，「今氏」卽「今是」，亦卽「今夫」也。禮記曲禮篇：「是職方。」鄭注曰：「是或爲氏。」儀禮覲禮篇：「大史是右。」注曰：「古文是爲氏。」蓋「是」「氏」古通用耳。「今是」之文，古書多有；「今氏」之文，惟此一見，而今本墨子「氏」上又衍「知」字，故雖王氏之博極羣書，徵引不及矣。

五十一　古書連及之詞例

凡連及之詞，或用「與」字，或用「及」字，此常語也。乃有其語稍別，後人遂失其解者，略舉數事以見例。

爾雅曰，「于，於也；」而尙書每用爲連及之詞。康誥篇，「告女德之說于罰之行；」言告女德之說與罰之行也。多方篇，「不克敬于和；」言不克敬與和也。說本孔氏廣森卮言、王氏引之釋詞。又，呂刑篇：「罔中于信。」「中」與「忠」通，「于」亦連及之詞，言三苗之民皆無忠信也。枚傳失其義，而前人亦未見及。又按此例，毛詩亦有之。鳧鷖篇：「公尸來燕來宗，既燕于宗，福祿攸降。」此「于」字亦連及之詞。「來燕來宗，既燕于宗」二句相承，猶言既燕與宗也。鄭箋不達，遂使上下兩宗字異義，失之甚矣。泮水篇，「不吳不揚，不告于訩，」二句亦相承，猶云不吳不揚，不告與訩也。「告」讀如嗥呼之「嗥」，「訩」猶「訩訩」，喧譁之聲也。上句「不吳不揚」，箋云，「不讙譁，不大聲；」此云「不告與訩」，義正相近，鄭箋亦失其義。

考工記注，「若，如也。」乃古人則又用爲連及之詞。儀禮燕禮篇，「冪用綌若錫；」禮記投壺篇，「矢用柘若棘；」皆是也。又或變其文曰「如」。論語先進篇，「方六七十，如五六十；」又曰，「宗廟之事如會同；」皆是也。「如」之與「若」，義本不殊，故連及之詞，爲「若」又爲「如」矣。朱注曰：「如，猶或也，」古無此義。

「之」字，古人亦或用爲連及之詞。考工記，「作其鱗之而；」文十一年左傳，「皇父之二子；」皆是也。禮記中庸篇：「知遠之近，知風之自，知微之顯。」此三句自來不得其解。若謂遠由於近，微由於顯，則當云「知遠之由於近，知微之由於顯」，文義方明；不得但云「遠之近、微之顯」也。且「風之自」句義不一例；「微之顯」句亦與弟一句不倫，既云「遠之近」，則當云「顯之微」矣。今按：此三「之」字皆連及之詞。知遠之近者，知遠與近也；知微之顯者，知微與顯也。「知遠之近，知風之自，知微之顯，可與入德矣。」猶易繫辭傳云：「君子知微知彰，知柔知剛，萬夫之望也。」然則「知風之自」句，當作何解？「風」讀爲「凡」，「風」字本從「凡」聲，故得通用。莊子天地篇：「願先生之言其風也。」「風」卽「凡」字，猶云「言其大凡」也。「自」者「目」字之誤。周官宰夫職：「二曰師，掌官成以治凡；三曰司，掌官灋以治目。」鄭注曰：「治凡，若月計也；治目，若今日計也。」然則「凡」之與「目」，事有鉅細，故以對言，正與「遠近」「微顯」一例。余著羣經平議，未見及此，故於此發之。

「惟」字，古人亦用爲連及之詞。禹貢篇，「齒、革、羽、毛惟木」是也。酒誥篇，「爾大克羞耇惟君，」此本承上文「奔走事厥考厥長」而言。耇，卽考也；君，卽長也；惟者，連及之辭。猶云「爾大克進獻爾考與爾長」也。下文曰：「又惟殷之迪諸臣惟工。」「臣惟工」與「耇惟長」一律。枚傳曰：「女大能進老成人之道，則爲君矣，」未達「惟」字之義。

卷五

五十二　兩字義同而衍例

古書有兩字同義而誤衍者。蓋古書未有箋注，學者守其師說，口相傳受，遂以訓詁之字誤入正文。周官亨人：「職外內饔之爨亨煮。」既言「亨」，又言「煮」，由古之經師相傳，以此「亨」字乃「亨煮」之「亨」，而非「亨通」之「亨」，因誤經文「爨亨」爲「爨亨煮」矣。王氏念孫謂誤始唐石經，非也。

周易履六三象傳：「不足以與行也。」按：「以」字衍文。傳文本云：「眇能視，不足以有明也；跛能履，不足與行也。」古「與」「以」二字通用。上句用「以」字，下句用「與」字，乃虛字變換之例，說見前。學者不知「與」字之卽「以」字，而更加「以」字於「與」字之上，轉爲不辭矣。

隱元年左傳：「有文在其手曰：『爲魯夫人。』」按：「曰」字，衍文也。閔二年傳，「有文在其手曰『友』」；昭元年傳，「有文在其手曰『虞』。」彼傳無「爲」字，故有「曰」

字；此傳有「爲」字，卽不必有「曰」字。猶桓四年公羊傳：「一曰乾豆，二曰賓客，三曰充君之庖。」穀梁傳作「一爲乾豆，二爲賓客，三爲充君之庖。」有「爲」字則無「曰」字，是其例也。「曰」「爲」並用，亦兩字同義而誤衍。

國語晉語：「若無天乎？云若有天，吾必勝之。」王氏念孫曰：「云字當在若字下，『若無天乎』爲一句，『若云有天』爲一句。」今按：王說是矣，而未盡也。古本蓋止作「若無天乎？若云天，吾必勝之。」云，卽有也。廣雅釋詁曰：「云，有也。」文二年公羊傳曰：「大旱之日短而云災，故以災書。此不雨之日長而無災，故以異書也。」「云災」、「無災」，相對爲文，云災，卽有災也。此以「無天」、「云天」相對爲文，正與彼同。「云」、「有」二字同義而誤衍，傳寫又誤倒之耳。

大戴記五帝德篇：「闇昏忽之義。」按大戴原文本作「闇忽之義」，與上文「上世之傳，隱微之說」文法一律。其衍「昏」字者，闇，卽昏也。禮記祭義篇鄭注曰：「闇，昏時也。」「闇」、「昏」二字同義而誤衍。

老子弟六十八章：「是謂配天古之極。」按：老子原文當作「是謂配古之極」，與上文「是謂不爭之德，是謂用人之力」文法一律。其衍「天」字者，古，卽天也。尚書堯典鄭注曰：「古，天也。」「天」、「古」二字同義而誤衍。

晏子春秋諫下篇：「聾喑非害國家而如何也。」按：「如」字衍文，「而何」即「如何」，有「而」字不必更有「如」字。

管子君臣上篇：「非茲是無以理人，非茲是無以生財。」按：「是」字衍文，「非茲」即「非是」，有「茲」字不必更有「是」字。

墨子備城門篇：「令吏民皆智知之。」按：智、知義同。釋名釋言語曰：「智，知也。」墨子原文本作「令吏民皆智之」。傳其學者謂此「智」字乃知識之「知」，因相承而衍「知」字矣。淮南子人閒篇：「曉然自以爲智知存亡之樞機，禍福之門戶。」「知」字亦誤衍，與墨子同。

五十三　兩字形似而衍例

凡兩字義同者，往往致衍，已見前矣。兩字形似者，亦往往致衍。荀子仲尼篇：「求善處大重，理任大事，擅寵於萬乘之國，必無後患之術。」按：「處大重」「任大事」相對爲文，「重」下不當有「理」字。楊注曰，「大重，謂大位也，」亦不釋理字之義。是「理」

字衍文，蓋卽「重」字之誤而衍者也。

墨子非攻下篇：「率不利和。」按：「利」〔一〕字衍文，「率」乃「將率」之「率」，言將率不和也。「利」卽「和」字之誤而衍者。

又，天志下篇：「而況有踰人之牆垣，扭格人之子女者乎？」按：「扭」字衍文，「格人之子女」與「踰人之牆垣」相對成文，「扭」卽「垣」字之誤而衍者。

列子說符篇：「今趙氏之德行無所施於積。」按：呂氏春秋愼大篇無「施」字，「施」卽「於」字之訛而衍也。

韓非子詭使篇：「名之所以成，城池之所以廣者。」按：「池」乃「地」字之誤，「名之所以成」，「地之所以廣」，相對成文，不當有城字，「城」卽「成」字之訛而衍也。

呂氏春秋安死篇：「此言不知鄰類也。」按：聽言篇曰，「乃不知類矣；」達鬱篇曰，「不知類耳：」竝無「鄰」字。此云「鄰類」，義不可通。「鄰」卽「類」字之訛而衍也。

商子兵守篇：「四戰之國，好舉興兵以距四鄰者國危。」「舉」字卽「興」字之誤而衍。

管子事語篇：「彼壞狹而欲舉與大國爭者。」「舉」字卽「與」字之誤而衍。呂氏春秋異寶

〔一〕按：「利」，原訛作「和」；下文「利卽和」，原訛作「和卽利」。——校點者

篇：「其主俗主也，不足與舉。」「舉」字亦卽「與」字之誤而衍。淮南子泰族篇：「夫欲治之主不世出，而可與興治之臣不萬一。」「興」字亦卽「與」字之誤而衍。

春秋繁露考功名篇：「其先比二三分以爲上中下以考進退。」按一句中因誤而衍者二字。「比」卽上「先」字之誤，「二」卽下「三」字之誤。

太玄永次四：「子序不序。」按：上「序」字卽上「子」字之誤而衍者。王注云：「子而不居子之次序。」是王涯本正作「子不序」也。又，居次三：「長幼序序子克父。」按：下「序」字卽下「子」字之誤而衍者。宋陸王本並作「長幼序子克父」，獨范望本衍一「序」字。

五十四　涉上下文而衍例

古書有涉上下而誤衍者。旣濟彖辭：「亨小利貞。」「小」字衍文，涉下文未濟「亨小狐汔濟」而誤衍也。禮記檀弓篇，「禮有微情者，有以故興物者，有直情而徑行者，」弟三句「有」字衍文。「有微情者，有以故興物者，」皆禮之所有；直情而徑行者，戎狄之道也，本非禮之所有，安得言有乎？此「有」字涉上兩「有」字而誤衍也。

周書大匡篇：「樂不牆合。」按：牆、合二字無義，涉下句「牆屋有補無作」之文，誤衍「牆」字也。盧氏文弨以宮縣釋之，則曲說矣。

管子正篇：「能服信政，此謂正紀；能服日新，此謂行理。」按：上文云：「立常行政，能服信乎？中和慎敬，能日新乎？」此承上文而言，當作「能服信，此謂正紀；能日新，此謂行理。」上句政字，涉上文「臨政官民」而衍；下句服字，即涉上句「能服信」而衍。

墨子尚同下篇：「故又使國君選其國之義，以義尚同於天子。」下「義」字涉上「義」字而衍，以上下文證之可見。

呂氏春秋侈樂篇：「遂而不返，制乎嗜欲；制乎嗜欲無窮，則必失其天矣。」下「制乎」字，涉上「制乎」字而衍。適威篇：「子陽極也，好嚴有過；而折弓者恐必死，遂應猘狗而弑子陽，極也。」上「極也」字涉下「極也」字而衍。壹行篇：「陵上巨木，人以爲期，易知故也，又況於士乎？士義可知故也，則期爲必矣。」下「故也」字涉上「故也」字而衍。又，遇合篇曰：「客有進狀，有惡其名，言有惡狀。」按：此十二字中衍三字，皆涉上下文而誤衍者也。「客」字下，涉下而衍「有」字；「其」字下，涉上文「楚王怪其名」句而衍「名」字；末「狀」字亦涉上而衍。呂氏原文本作「客進狀有惡，其言有惡。」兩「有」字均讀爲

「叉」。「狀叉惡，其言叉惡，」卽下文所謂「惡足以駭人，言足以喪國」也。今多衍字，致不可解，此古書之所以難讀也。

五十五　涉注文而衍例

古書有涉注文而誤衍者。詩丘中有麻篇：「將其來施。」傳曰：「施施，難進之貌。」箋云：「施施，舒行伺閒，獨來見己之貌。」按經文止一「施」字，而傳、箋並以「施施」釋之，此以重言釋一言之例，說見前。今作「將其來施施」，卽涉傳、箋而誤衍下「施」字。顔氏家訓書證篇曰：「江南舊本悉單爲『施』。」

大戴記曾子制言篇：「其功守之義，有知之則願也，莫之知苟吾自知也。」按：「其功守之義」五字，乃盧注之誤入正文者，孔本、阮本均已訂正。

禮記檀弓篇：「望反諸幽，求諸鬼神之道也。」按「反」字衍文。據正義曰：「望諸幽者，求諸鬼神之道也。」是記文本無「反」字，乃涉上注文「庶幾其精氣之反」因而誤衍。又，緇衣篇：「毋以嬖御士疾莊士大夫卿士。」注曰：「莊士亦謂士之齊莊得禮者，今爲大夫卿士。」按：禮記原文本作「毋以嬖御士疾莊士」，與上文「毋以嬖御人疾莊后」一律。

鄭注：「今爲大夫卿士，」本作「或爲大夫卿士。」蓋別本有作「毋以嬖御士疾大夫卿士」者，故鄭記其異也。今正文作「莊士大夫卿士」，卽涉注文而衍；又改注文「或爲」作「今爲」，而正義從而爲之辭，失之甚矣。

商子墾令篇：「姦民無主，則爲姦不勉；爲姦不勉，則姦民無樸；姦民無樸，則農民不敗。」鄭宋本於「姦民無樸」下，有「樸根株也」四字，乃舊解之誤入正文者。

韓非子難三篇：「且夫物衆而智寡，寡不勝衆，智不足以徧知物，故則因物以治物；下衆而上寡，寡不勝衆者，言君不足以徧知臣也，故因人以知人。」按韓非原文本作「且夫物衆而智寡，寡不勝衆，故因物以治物；下衆而上寡，寡不勝衆，故因人以知人。」舊注於上句「寡不勝衆」云：「言智不足以徧知物也；」於下句「寡不勝衆」云：「言君不足以徧知臣也。」傳寫誤入正文，而又有錯誤，遂不可讀。

五十六　涉注文而誤例

考工記梓人：「強飲強食，詒女曾孫諸侯百福。」注曰：「曾孫諸侯，謂女後世爲諸侯者。」按：正文「諸侯」當作「侯氏」，此以「詒女曾孫侯氏百福」八字爲句。大戴記投壺篇載此辭曰：「彊食食爾曾孫侯氏百福，」雖文有奪誤，而正作「曾孫侯氏百福」可證也。鄭君此注，本云「曾孫侯氏，謂女後世爲諸侯者。」正文「侯氏」，涉注文而誤作「諸侯」，於是幷改注文亦作「曾孫諸侯」矣。

韓非子外儲說左篇：「吾父獨冬不失袴。」舊注曰：「刖足者不衣袴，雖終其冬夏，無所損失也。」按：正文本作「吾父獨終不失袴」，故注以「終其冬夏無所損失」釋之。今作「冬不失袴」，即涉注文而誤「終」爲「冬」，此皆涉注而誤者也。

五十七　以注說改正文例

段氏玉裁曰：「司巫：『祭祀則共匰主，及道布，及鉏館。』杜子春云：『鉏讀爲蒩。蒩，藉也。』書或爲『蒩』。今本改云：『蒩讀爲鉏。鉏，藉也。』則不可通。『蜮氏：下士一人。』鄭司農云：『蜮讀爲蟈。蟈，蝦蟇也。』今本改云：『蟈讀爲蜮；蜮，蝦蟇也。』則不可通。『土馴』，鄭司農云：『馴讀爲訓，謂以遠方土地所生異物告道王也。』今本改云：『訓讀爲馴。』則不可通。祭統：『鋪筵設詷几。』鄭注：『詷之言同也。』今本改『同之言詷。』以易識之字更爲難字，則不可通。穆天子傳：『道里悠遠，山川諫之。』郭注：

『諫音閒。』是卽讀『諫』爲『閒』，明叚借法也。今作『閒音諫』，則非。西京賦：『烏獲扛鼎。』李善注曰：『說文，扛，横關對舉也。舡與扛同。』吳都賦：『覽將帥之權勇。』李注：『毛詩曰：「無拳無勇。」「權」與「拳」同。』今本正文作『扛』作『拳』，注文又譌舡而不可通。以上諸條，皆因先用注說改正文，又用已改之正文改注，於是字與義不謀，上與下不貫矣。」按段氏此論，前人所未發，讀古書者不可不知也。

周易坤：「初六履霜。」釋文曰：「鄭讀履爲禮。」按：履霜之義，明白無疑，鄭讀爲「禮」，義不可通。疑鄭氏所據本作「禮霜」，鄭注則曰「禮讀爲履」，破叚字而讀以本字也。後人用注說改經，又以旣改之經文改注，而陸氏承其誤耳。

五十八　以旁記字入正文例

周官男巫：「春招弭以除疾病。」注曰：「杜子春讀弭如彌兵之彌。」按：經文「弭」字當作「彌」，注文「彌」字當作「弭」，蓋經文作「彌」，而杜子春讀爲弭兵之「弭」，左傳「弭兵」字，作「弭」不作「彌」也。後人以注說改經文，遂改注文作「彌兵」，而義不可通矣。

王氏念孫曰：「書傳多有旁記之字誤入正文者。趙策：『夫董閼于，簡主之才臣也。』『閼』與『安』，古同聲，卽董安于也。後人旁記『安』字，而寫者並存之，遂作『董閼安于』。史記曆書：『端蒙者，年名也。』端蒙，旃蒙也。後人旁記『旃』字，而寫者並存之，遂作『端旃蒙』。刺客傳：『臣欲使人刺之，衆莫能就。』衆者，終之借字也。後人旁記『終』字，而寫者竝存之，遂作『衆終莫能就』。漢書翟方進傳：『民儀九萬夫。』『儀』與『獻』，古同聲，卽民獻也。後人旁記『獻』字，而寫者竝存之，遂作『民獻儀九萬夫』。」按：此皆旁記字之誤入正文者也。

周書命訓篇：「通道通天以正人。」按：下文云：「正人莫如有極，道天莫如無極。道天有極則不威，不威則不昭；正人無極則不信，不信則不行。」皆以「道天」「正人」對舉。然則此文當作「道天以正人」。襄三十一年左傳注、荀子禮論篇注，並曰：「道，通也。」道天以正人，卽通天以正人。疑他本或有作「通」字者，後人旁記於此，傳寫誤入正文，則爲「道通天以正人」，文不成義，乃又於「道」上加「通」字耳。

國語晉語：「不可以封國。」按：「國」字衍文。楚語曰：「其生不殖，不可以封。」韋注曰：「封，國也。」此作「不可以封國」者，蓋由別本作「國」，後人旁記于此而誤羼入也。

管子版法解篇：「故莫不得其職姓。」按：「得職」猶「得所」。漢書趙廣漢傳，「小民得職，」是其義也。職姓連文，甚爲不辭。姓者，「性」字之誤；得其性，卽得其職也。此亦後人旁記異文而誤合之也。明法解篇：「孤寡老弱不失其所職，」「所職」二字，亦爲不辭，誤與此同。

荀子禮論篇：「大路之素未集也。」楊注曰：「未集，不集丹漆也。」此說於義未足，殆非也。「末」當爲本末之「末」。素末是一事，素集是一事，亦寫者旁記異文而誤合之也。「末」者「幦」之叚字。上文「絲末」，楊注「末」與「幦」同，是其證。大戴記禮三本篇作「素幭」，「幭」與「幦」同。荀子作「末」之本，與大戴記合。「集者」，「幬」之叚字。「集」「幬」音轉而爲「就」，詩小旻篇，與猶、咎、道爲韻，是其證。故「集」字得讀爲「幬」，史記禮書正作「素幬」，荀子作「集」之本，與史記合。

墨子雜守篇：「守節出入，使主節必疏書，署其情，令若其事。而須其還報，以劔驗之。」劔、驗二字不可通。墨子原文，蓋止作「劔之」。假「劔」爲「驗」，「劔之」卽「驗之」也。韓非子外儲說左上篇：「以馬爲不進盡，釋車而走。」進、盡二字不可通。韓非子原文，蓋止作「不盡」。假「盡」爲「進」，「不盡」卽「不進」也。凡此皆後人旁記異文而誤入之，與義同誤衍之例，可以參觀。

五十九　因誤衍而誤删例

凡有衍字，宜從删削，乃有删削不當，反失其本眞者，周易升象傳：「君子以順德，積小以高大。」釋文曰：「以高大，本或作以成高大。」按：此本作「積小以成大」，正義所謂「積其小善以成大名」也。後誤衍「高」字而作「積小以成高大」，則累於辭矣。校者不知「高」字之衍而誤删「成」字，此删削不當而失其本眞者也。

淮南子道應篇：「洞洞屬屬而將不能，恐失之。」高注曰：「而將不能勝之，恐失之。」按：正文本作「而將不能勝之」，「而」與「如」，古通用，謂「如將不能勝之」也。高注「恐失之」三字，正解「如不能勝之」義。此三字誤入正文，校者反删去「勝之」二字，亦删之不當者也。

六十　因誤衍而誤倒例

校古書者因莽滅裂，有遇衍字不加删削，而以意移易使成文理者。大戴記哀公問於孔子篇：「君何以謂已重焉？」此本作「君何謂以重焉」。「以重」卽「已重」，「以」「已」古字通也。後人據小戴記作「已重」，旁記「已」字，因而誤入正文，校者不知删削，乃移「以」字於「謂」字之上，使成文理。此因誤衍而誤倒者也。

楊子太玄玄瑩篇：「嘖情也，抽理也，瑩事也，昭君子之道也。」按上文云：「陰陽所以抽嘖也，從横所以瑩理也，明晦所以昭事也。」此當云「抽嘖也，瑩理也，昭事也」，方與上合。今「抽嘖」誤作「嘖情」，「情」字蓋卽「嘖」字之誤而衍者。於是移「抽」字以易下句「瑩」字，而「瑩理」誤作「抽理」矣。又移「瑩」字以易下句「昭」字，而「昭事」誤作「瑩事」矣。至「昭」字無可易，乃移置下句之首，而「君子之道也」誤作「昭君子之道也」。蓋因一字之誤衍，而遂使諸字以次而轟降，以此校書，亦可云不憚煩矣。

六十一　因誤奪而誤補例

凡有奪字則當校補；乃有校補不當，以至補非其字者。大戴記曾子立事篇：「多知而無親，博學而無方，好多而無定者，君子弗與也。」按：下文云：「君子多知而擇焉，博學而算焉，多言而慎焉。」據此：則本文「好多」二字亦當作「多言」，校者因奪「言」字而誤補「好」字，此校補之不當者也。又曾子本孝篇：「庶人之孝也以力惡食。」按：「以力惡食」本作「以任善食」，盧注所謂「分地任力致甘美」是也。今「任善」二字，誤移在下句之首，作「任善不敢臣三德」，甚爲無義，可知其誤。此文因奪「任善」二字而誤補「力惡」二字，亦校補之不當者也。

爾雅釋草：「中馗菌，小者菌。」注，於上句曰：「地蕈也，似蓋。今江東名爲土菌，亦曰馗厨，可啖之。」又，注下句曰：「大小異名。」按：中馗謂之菌，小者又謂之菌，何以見大小之異名乎？據說文草部：「菌，地蕈也。」疑古本爾雅作「中馗地蕈小者菌」。故說文卽以地蕈說菌，蓋對文別而散文通也。因正文奪「地蕈」二字，校者據注中「土菌」之文臆補「菌」字，而大小異名者，轉若大小同名矣。注文「地蕈似蓋」句，本無「也」字，乃舉正文地蕈而釋之。今正文奪「地蕈」字，而誤補「菌」字，則「地蕈」字于正文無見，乃增注文作「地蕈也」，而其誤不可復正矣。

六十二　因誤字而誤改例

凡遇誤字則宜改正，乃有改之不得其字而益以成誤者。周書謚法篇：「純行不二曰定。」按：此本作「純行不忒曰定」。古書「忒」字，或以「貣」字爲之。尚書洪範篇「衍忒」，史記宋世家作「衍貣」，是其證也。「貣」譌作「貳」，後人因改作「二」矣。又，史記篇：「奉孤而專命者，謀主必畏其威而疑其前事。」按：「謀主」二字不可曉，當作「其主」，言其主必畏而疑之也。「其」誤作「某」，後人因改作「謀」矣。此皆因誤字而誤改，益以成誤者也。

管子霸言篇：「故貴爲天子，富有天下，而伐不謂貪者，其大計存也。」按：「伐」乃「代」字之誤。管子原文本作「世不謂貪」，言一世之人不以爲貪也。唐人避諱，改「世」爲「代」，後人傳寫又誤「代」爲「伐」。

荀子非相篇：「傳者久則論略，近則論詳。」按：兩「論」字皆「俞」字之誤。「俞」讀爲「愈」，古字通用，見本書榮辱篇注。韓詩外傳正作「久則愈略，近則愈詳」，可證也。「俞」字誤作「侖」，校者又誤改作「論」。

韓非子主道篇：「是以不言善應，不約而善增。」按：道藏本、趙用賢本，「不言」下皆有「而」字，當從之。「增」乃「會」字之誤。「不言而善應」，語本老子。「不約而善會」，亦即老子所謂「善結無繩約而不可解」也。善會，猶善結也。「會」字誤作「曾」，校者又誤改作「增」。

六十三　一字誤爲二字例

古書有一字誤爲二字者。禮記祭義篇：「見閒以俠甒。」鄭注曰：「『見閒』當爲『覵』。」史記蔡澤傳：「吾持粱刺齒肥。」索隱曰：「『刺齒肥』當爲『齧肥。』」孟子公孫丑篇：「必有事焉而勿正心。」日知錄載倪文節之語，謂當作「必有事焉而勿忘」。

禮記緇衣篇：「信以結之，則民不倍；恭以涖之，則民有孫心。」惠氏棟九經古義，謂：「孫心」當作「愻」。說文：「愻，順也。書云：『五品不愻。』」今文尚書作「訓」，古文尚書作「愻」，今孔氏本作「孫」，衞包又改作「遜」，古字亡矣，緇衣猶存古字耳。

尚書多方篇：「我有周惟其大介賚爾。」按：枚氏因大介連文，而以「大大賜汝」釋之，不詞甚矣。說文大部：「乔，大也。從大，介聲，讀若蓋。」凡經傳訓大之介，皆其叚字也。此經疑用本字，其文曰：「我有周惟其乔賚爾。」乔賚，即大賚也。後人罕見「乔」字，遂誤分爲「大介」二字。

國語晉語：「吾觀晉公子，賢人也。其從者，皆國相也。以相一人，必得晉國。」按：僖二十三年左傳曰：「吾觀晉公子之從者，皆足以相國；若以相，夫子必反其國。」疑此文「一人」二字乃「夫」字之誤。「以相」絶句，即左傳所謂「若以相」也。「夫必得晉國」絶句，即左傳所謂「夫子必反其國」也。「夫」者指目其人之辭，説詳襄二十三年左傳正義。今誤作「一人」二字，義不可通矣。

六十四　二字誤爲一字例

古書亦有二字誤合爲一字者。襄九年左傳：「閏月」。杜注曰：「『閏月』當爲『門五日』，『五』字上與『門』合爲『閏』，則後學者自然轉『日』爲『月』。」按：古鐘鼎文往往有兩字合書者，如石鼓文「小魚」作「𩵋」，散氏銅盤銘「小子」作「孛」是也。古人作字，但取疏密相閒，經典傳寫，則遂幷爲一字矣。

禮記檀弓篇：「從母之夫，舅之妻，二夫人相爲服。」按：「夫」字衍文也，「二人」兩字誤合爲「夫」字，學者旁識「二人」兩字以正其誤，而傳寫誤合之，遂成「二夫人」矣。國語「夫」字誤分爲「一人」二字，檀弓「二人」字誤合爲「夫」字，甚矣古書之難讀也！

淮南子說林篇：「狂者傷人，莫之怨也；嬰兒詈老，莫之疾也；賊心𡧟。」陳氏觀樓曰：「『𡧟』字當爲『亡也』二字之譌。亡，無也。言狂者與嬰兒，皆無賊害之心，故人莫之怨也。」按：此亦二字合爲一字者。又，人閒篇：「孫叔敖病疽將死。」按：「病」字「將」字並衍文也。「疽」字乃「疒且」二字之誤。說文疒部：「疒，痾也。人有疾痛，象倚箸之形。」朱氏駿聲謂：「疒乃疾病之本字。疾字，從矢，疒聲，乃疾速之本字。後人叚『疾』爲『疒』而疒廢矣。」愚按：其說是也。「孫叔敖疒且死」，猶云「孫叔敖疾且死」也。其事亦見列子說符篇、呂氏春秋異寶篇，竝作「孫叔敖疾將死」。將，猶且也。彼作「疾」，此作「疒」，古今字耳。因「疒且」二字誤合爲「疽」字，後人乃於上加「病」字，下加「將」字，失之矣。又脩務篇：「琴或撥刺枉橈，闊解漏越，而稱以楚莊之琴，側室爭鼓之。」高注曰：「『側室』或作『廟堂』」。按：「側室」及「廟堂」均無義。疑淮南原文本作「則尙士爭鼓之。」「尙」與「上」通，尙士，卽上士也。考工記：「桃氏爲劍」，「弓人爲弓」，竝有「上士服之」之文。故此言琴，亦曰「上士鼓之」也。上文曰：「今劍或絕側羸文，齧缺卷鋌，而稱以頃襄之劍，則貴人爭帶之。」兩文相對，此曰「則上士爭鼓之」，猶彼曰「則貴人爭帶之」也。因叚「尙」爲「上」，而「尙士」二字誤合爲「堂」字，淺人因改「則」

字爲「廟」字，高所見或本是也。又因古本實是「則」字，遂改「堂」字爲「室」字，而加人旁於「則」字之左，使成「側」字，高所據本是也。展轉致誤，而要皆由於「尙士」二字之誤合爲「堂」字，所宜悉心校正也。

六十五 重文作二畫而致誤例

古人遇重文，止於字下加＝畫以識之，傳寫乃有致誤者。如詩碩鼠篇：「逝將去女，適彼樂土；樂土樂土，爰得我所。」韓詩外傳兩引此文，竝作「逝將去女，適彼樂土；適彼樂土，爰得我所。」又引次章亦云：「逝將去女，適彼樂國；適彼樂國，爰得我直。」此當以韓詩爲正。詩中疊句成文者甚多。如中谷有蓷篇疊「慨其歎矣」兩句，丘中有麻篇疊「彼留子嗟」兩句，皆是也。毛、韓本當不異。因疊句從省不書，止作「適＝彼＝樂＝土＝」，傳寫誤作「樂土樂土」耳。下二章同此。

莊子胠篋篇：「故田成子有乎盜賊之名，而身處堯、舜之安，小國不敢非，大國不敢誅，十二世有齊國。」釋文曰：「自敬仲至莊子，九世知齊政；自太公和至威王，三世爲齊侯，故云十二世。」按：此說非也。本文是說田成子，不當追從敬仲數起。莊子原文，本作「世世有齊國」，言自田成子之後，世有齊國也。古書重文從省不書，止於字下作「=」識之，應作「世=有齊國」；傳寫誤倒之，則爲「二世有齊國」，於是其文不可通。而從田成子追數至敬仲，適得十二世，遂臆加「十」字於其上耳。

六十六　重文不省而致誤例

亦有遇重文不作=畫，實書其字而致誤者。周書典寶篇：「一孝子畏哉，乃不亂謀。」按：本作「一孝，句孝畏哉，乃不亂謀。」猶下文曰：「二悌，悌乃知序。」「悌」下疊「悌」字，則「孝」下必疊「孝」字矣。今作「孝子畏哉」，「子」即「孝」字之誤也。又下文曰：「三慈惠，茲知長幼。」當作「三慈惠，慈惠知長幼。」「慈惠」下疊「慈惠」字，猶「孝」下疊「孝」字，「悌」下疊「悌」字也。今作「茲知長幼」，「茲」即「慈」字之誤也。此皆重文不省，而轉以致誤者也。

六十七　闕字作空圍而致誤例

校書遇有缺字，不敢臆補，乃作口以識之，亦闕疑之意也。乃傳寫有因此致誤者。大戴記武王踐阼篇：「機之銘曰：『皇皇惟敬，口生㖃，口戕口。』」盧注曰：「㖃，恥也。言爲君子榮辱之主，可不愼乎？㖃，㖃詈也。」孔氏廣森補注曰：「㖃有兩訓，疑記文本作『㖃生㖃』，故盧意謂君有㖃恥之言，則致人之㖃詈也。」按：此說是也。惟其由㖃生㖃，故謂之「口戕口」。今作「口生㖃」者，蓋傳寫奪「㖃」字，校者作空圍以記之，則爲「□生㖃」，遂誤作「口生㖃」矣。

六十八　本無闕文而誤加空圍例

亦有本無闕文而傳寫誤加空圍者。周書寤儆篇：「欲與無□則，欲攻無庸，以王不足。」按：此三句本無闕文，「欲與無則，欲攻無庸，以王不足，」皆四字爲句。言欲與之而無則，欲攻之而無庸，以王則不足也。下文周公之言曰：「奉若稽古維王，克明三德維則，戚和遠人維庸。」正對此三句而言。淺人不知「無則、無庸」相對成文，而以「則」字屬下句，因疑「欲與無」下尙有闕文，乃作□以識之耳。又，本典篇：「能求士□者，智也；與民利者，仁也。」按：兩句一律，上句不當有闕文，誤加空圍，宜刪。又，官人篇：「問則不對，佯爲不窮，□貌而有餘。」按：貌上本無闕文，「而」讀爲「如」，貌如有餘，卽所謂佯爲不窮也。誤加空圍，亦宜删。又云：「有知而言弗發，有施而口弗德。」按：此文本作「有知而弗發，有施而弗德。」「發」讀爲「伐」，古字通用。「有知而弗伐，有施而弗德，」皆五字爲句。上句本無「言」字，下句亦無闕文。學者不知「發」與「伐」同，而臆加「言」字，則下句少一字矣，因作空圍以識之也，亦宜删。以上三條，竝見王氏念孫讀書雜志。

卷六

六十九　上下兩句互誤例

古書有上下兩句平列，而傳寫互誤其字者。詩江漢篇：「江漢浮浮，武夫滔滔。」王氏引之曰：「當作『江漢滔滔，武夫浮浮。』」小雅四月篇：「滔滔江漢。」此云「江漢滔滔，」義與彼同。「浮」與「儦」聲義相近，「江漢滔滔，武夫浮浮，」猶齊風載驅篇：「汶水滔滔，行人儦儦」也。寫經者「滔滔」「浮浮」上下互譌，後人又改傳、箋以從之，莫能是正矣。說見經義述聞。

禮記明堂位篇：「夏后氏之四璉，殷之六瑚。」按包咸、鄭玄注論語，賈逵、服虔、杜預注左傳，皆云：「夏曰瑚，殷曰璉，」與此不同。據論語云：「瑚璉也。」先瑚後璉，則瑚屬夏，而璉屬殷明矣。若是夏璉殷瑚，當云「璉瑚」，不當云「瑚璉」也，蓋記文傳寫誤倒耳。

周書大聚篇：「立勤人以職孤，立正長於順幼。」按：此當作「立正長以勤人，立職孤以順幼。」蓋立正長所以勤民事，而立職孤所以使幼者得遂其生也。正長也，職孤也，皆其名也；勤人也，順幼也，皆其事也。「立職孤以順幼」，與下句「立職喪以卹死」，文法正同，傳寫誤倒，失其義矣。

爾雅釋木：「唐棣，栘。常棣，棣。」〔一〕按：詩何彼襛矣篇、采薇篇，毛傳說「唐棣」「常棣」，均與爾雅合。晨風篇傳，「棣，唐棣也，」則與爾雅異，此必有一誤。而兼明書引孔氏論語解曰：「唐棣，棣也，」亦與晨風傳同。玉篇木部：「榶，徒郎切，棣也。」「榶」即「唐」字，疑毛傳當以晨風爲正，餘篇乃後人據爾雅改之。其實爾雅之文，本作「唐棣，棣。常棣，栘。」今本傳寫互易，非其舊也。爾雅一書，訓釋名物，尤易混淆。釋山：「多草木岵，無草木峐。」詩陟岵篇毛傳曰：「山無草木曰岵，山有草木曰屺。」又：「石戴土謂之崔嵬，土戴石爲砠。」卷耳篇毛傳曰：「崔嵬，土山之戴石者。石山戴土曰砠。」其義並與爾雅相反。正義謂「傳寫誤」也。釋天：「春爲蒼天，夏爲昊天。」書堯典正義曰：「鄭玄讀爾雅曰：『春爲昊天，夏爲蒼天。』」則爾雅一書之傳述不同，自昔然矣。

〔一〕按此二句均見爾雅釋木；原作釋草，誤。——校點者周官職方氏：「正南曰荆州，其浸潁湛。」鄭注曰：「潁水出陽城，宜屬豫州，在此非也。」「河南曰豫州，其浸波溠。」注曰：「春秋傳：『除道梁溠，營軍臨隨，』則溠宜屬荆州，在此非也。」蓋荆、豫二州相次，傳寫誤倒之耳。凡此之類，安得有如鄭君之卓識悉爲考定哉？

論語季氏篇：「不患寡而患不均，不患貧而患不安。」按：寡、貧二字，傳寫互易，此本作「不患貧而患不均，不患寡而患不安。」「貧」以財言，「不均」亦以財言；不均則不如無財矣，故「不患貧而患不均」也。「寡」以人言，「不安」亦以人言；不安則不如無人矣，故「不患寡而患不安」也。春秋繁露度制篇引孔子曰：「不患貧而患不均，」可據以訂正。

管子八觀篇：「萬家以下，則就山澤可矣；萬家以上，則去山澤可矣。」按：下、上二字，傳寫互易。上云：「萬家之衆，可食之地，方五十里，可以爲足矣。」是方五十里之地，可食萬家之衆。然萬家或有盈絀，故此又分别言之：「若在萬家以上，則宜兼就山澤之地；若在萬家以下，則山澤之地可去也。」如今本義不可通，所宜訂正。

老子弟十章：「愛民治國，能無知乎？」又曰：「明白四達，能無爲乎？」按：上句當作「無爲」，下句當作「無知」。愛民治國，能無爲乎？卽所謂「取天下當以無事」也。明白四達，能無知乎？卽所謂「知其白，守其黑」也。易州唐景龍二年刻石本正如此，而王弼本誤倒之。至河上公本，兩句皆作「無知」，則詞複矣。

淮南子天文篇：「日冬至則水從之，日夏至則火從之，故五月火正而水漏，十一月水正而陰勝。」按：日冬至則水從之，日夏至則火從之，水、火二字當互易。冬至一陽生，故日冬至而火從之也；夏至一陰生，故日夏至而水從之也。「五月火正而水漏」，正說「夏至水從之」之義；言五月火方用事，而水氣已滲漏也。「十一月水正而陰勝」，「陰」乃「火」字之誤，「勝」字當讀爲「升」。「勝」、「升」古通用，謂十一月水方用事，而火氣已上升也，正說「冬至火從之」之義，如此則與下文一貫矣。此亦上下兩句互誤者也。

七十　上下兩句易置例

古書凡三四句平列者，其先後本無深義，傳寫或從而易置之。文選干令升晉紀總論曰：「太康之中，天下書同文，車同軌。」李善注引禮記：「子曰：『今天下書同文，車同軌。』」視今本兩句倒置，此或因正文而誤。然奏彈曹景宗文曰：「將一車書。」曲水詩序曰：「合車書於南北。」注並引禮記曰：「書同文，車同軌。」此則非因正文而然。疑李氏所據禮記與今不同也。

論語公冶長篇：「朋友信之，少者懷之。」韓詩外傳引作「少者懷之，朋友信之。」雍也篇：「知者樂水，仁者樂山。」李鼎祚周易集解引作「仁者樂山，知者樂水。」泰伯篇：「啓予足，啓予手。」魏書崔光傳引作「啓予手，啓予足。」「巍巍乎其有成功也，煥乎其有文章。」後漢書馬融傳注引作「煥乎其有文章，巍巍乎其有成功。」「菲飲食而致孝乎鬼神，惡衣服而致美乎黻冕。」文選東京賦注引作「惡衣服而致美乎黻冕，菲飲食而致孝乎鬼神。」鄉黨篇：「與下大夫言，侃侃如也；與上大夫言，誾誾如也。」史記孔子世家作「與上大夫言，誾誾如也；與下大夫言，侃侃如也。」先進篇：「言語宰我、子貢，政事冉有、季路。」鹽鐵論作「政事冉有、季路，言語宰我、子貢。」「有民人焉，有社稷焉。」論衡問孔篇作「有社稷焉，有民人焉。」顏淵篇：「非禮勿視，非禮勿聽，非禮勿言，非禮勿動。」禮記曲禮正義引作「非禮勿動，非禮勿言，非禮勿視，非禮勿聽。」子路篇：「父爲子隱，子爲父隱。」韓詩外傳引作「子爲父隱，父爲子隱。」憲問篇：「晉文公譎而不正，齊桓公正而不譎。」風俗通皇霸篇引作「齊桓公正而不譎，晉文公譎而不正。」季氏篇：「危而不持，顚而不扶。」後漢書安帝紀引作「顚而不扶，危而不持。」子張篇：「仕而優則學，學而優則仕。」玉篇人部仕下引作「學而優則仕，仕而優則學。」以上竝見翟氏灝論語考異。按：卽論語一書，而它書所引上下倒置者已不可勝計，則羣經可知矣。雖於義理無甚得失，亦讀古書者所宜知也。

大戴記禮三本篇：「天地以合，四時以洽，日月以明，星辰以行。」按：「日月以明」當在「四時以洽」之上，自此至終篇，皆兩句一韻也。荀子樂論，史記樂書，皆不誤，可據以訂正。又，少閒篇：「糟者猶糟，實者猶實，玉者猶玉，血者猶血，酒者猶酒。」按：「酒者猶酒」句當在「糟者猶糟」下，二語相對成文，糟濁而酒淸也。「玉者猶玉」、「血者猶血」，二語亦相對，玉白而血赤也。至「實者猶實」句，或別有對文而今闕之，當爲衍句。

老子弟二十一章：「道之爲物，惟恍惟惚。惚兮恍兮，其中有象；恍兮忽兮，其中有物。」按：「惚兮恍兮」兩句，當在「恍兮忽兮」兩句之下。蓋承上「惟恍惟惚」之文，故先言「恍兮惚兮，其中有物，」與上文「道之爲物，惟恍惟惚」四句爲韻。下云「惚兮恍兮，其中有象，」乃始轉韻也。王弼注曰：「萬物以始以成，而不知其所以然，故曰：『恍兮惚兮，惚兮恍兮，其中有象』也。」注文當是全舉經文，而奪「其中有物」四字，可知王氏所據本猶未倒也。

淮南子俶眞篇：「勢利不能誘也，辯者不能說也，聲色不能淫也，美者不能濫也，智者不能動也，勇者不能恐也。」按：「聲色」句當在「辯者」句前，則聲色貨利以類相從；辯者、美者、智者、勇者，亦以類相從矣。文子九守篇正如此，可據以訂正。

七十一　字以兩句相連而誤疊例

周書度訓篇：「是故民主明醜以長子孫，子孫習服鳥獸。」按：「子孫」字不當疊，疊者誤也。此以「是故民主明醜以長子孫」爲句，「習服鳥獸」爲句，疊「子孫」字則不可通矣。又，程典篇：「土勸不極美，美不害用，用乃思慎。」按：「美」字「用」字均不當疊，疊者誤也。「土勸不極美不害」，當作「土物不極美不割」，卽文傳篇所謂「毋伐不成材」也。「勸」與「物」形似而訛，「害」與「割」聲近而借，今疊「美」字「用」字，則不可通矣。又，大開武篇：「天降寤於程，程降因於商，商今生葛，葛右有周，維王其明用開和之言，言孰敢不格。」按：「程」字不當疊，降寤於程，降因於商，皆天所降也，若作程降因於商，則不可通矣。「葛」字亦不當疊。孔注曰：「商朝生葛，是祐助周也。」可知孔所據本不疊「葛」字也。「言」字亦不當疊。孔注曰：「可否相濟曰和，欲其開臣以和，則忠告之言無不至也。」是孔讀「維王其明用開和之」爲句，「言孰敢不格」爲句，其不疊「言」字可知也。今疊「葛」字「言」字，義皆不可通矣。一行之中，誤疊之字，纍纍如貫珠，古書豈易讀哉！

大戴禮四代篇：「於時鷄三號以興庶虞，庶虞動，蜚征作。」按：「庶虞」字不當疊，「於時鷄三號以興」七字爲句，興，卽謂鷄興也。鷄夜伏而晨興，故曰「三號以興」。學者誤讀「以興庶虞」爲句，遂重出庶虞字耳。楊氏大訓本「庶虞」字不疊，可據以訂正。孟子告子篇：「施於四體，四體不言而喻。」按：「四體」字不當疊，「四體不言而喻」，義不可通。若謂四體不言而人自喻，則四體豈能言者？若謂我之四體，不待我言而自喻我意，則凡人皆然，豈必君子？文選魏都賦劉淵林注，應吉甫華林園集詩李善注引此文，並作「不言而喻」，不連四體字，可據以訂正。

文九年公羊傳：「非王者則曷爲謂之王者？王者無求。」按：「王者」字不當疊。上文言「王者無求」，故此發問，言「非王者曷爲謂之王者無求？」今疊「王者」字則無義矣。國語晉語：「夫利君之富，富以聚黨，利黨以危君。」按：「富」字不當疊，「利」與「賴」古字通。此言「賴君之富以聚徒黨，又賴徒黨以危君也。」今疊「富」字，義反隔矣。管子乘馬篇陰陽章：「正地者其實必正，長亦正，短亦正，小亦正，大亦正，長短大小盡正，正不正則官不理。」末句本作「不正則官不理」，涉上句而誤疊「正」字。又，爵位章：「是故爵位正而民不怨，民不怨則不亂，然後義可理，理不正則不可以治。」末句本作「不正則不可以治」，涉上句而誤疊「理」字。凡此皆兩句相連而誤疊者也。

七十二　字以兩句相連而誤脫例

周書程典篇：「思地慎制，思制慎人，思人慎德，德開開乃無患。」按：德開開三字文不成義。本作「慎德德開，開乃無患」，與上文皆四字爲句。兩「慎德」字相連，誤脫其一而義不可通矣。尙書序：「殷既錯天命，微子作誥父師、少師。」按：「微子作誥父師、少師」，文義未足；本作「誥父師、少師」，兩誥字相連，誤脫其一而義不可通矣。

周易渙：「上九，渙其血，去逖出，无咎。」傳曰：「渙其血，遠害也。」則當於「血」字絕句；然「去逖出」三字殊不成義。疑本作「血去逖出无咎」，因兩「血」字相連而誤脫其一也。小畜六四曰：「血去惕出无咎。」正與此爻文義相近。

老子六十一章：「故大國以下小國，則取小國；小國以下大國，則取大國；故或下以取，或下而取。」按：「或下以取，或下而取」兩句，文義無别，殊爲可疑。當作「故或下以取小國，或下而取大國，」卽承上文而申言之。因下文云，「大國不過欲兼畜人，小國不過欲入事人。」兩「大國」字適相連而誤脱其一，遂竝删上句「小國」字，使相對成文耳。

列子仲尼篇，「孤犢未嘗有母，非孤犢也；」此本作「孤犢未嘗有母，有母非孤犢也。」莊子天下篇釋文引李云，「言孤則無母，孤稱立則母名去，」是其義也。因兩「有母」字相連，誤脱其一。商子算地篇：「故民生則計利，死則慮名，利之所出，不可不審也。」此本作「名利之所出，不可不審也。」下文云，「利出於地，則民盡力；名出於戰，則民致死；」卽承此而言。因兩「名」字相連，誤脱其一。春秋繁露執贄篇：「暢有似於聖人者。」「聖人」下當疊「聖人」字。下所説皆聖人之德，至「暢亦取百草之心」，始説暢之似聖人，則此當作「聖人者」明矣。因兩「聖人」字相連，誤脱其一。淮南子主術篇：「雍門子以哭見孟嘗君，涕流沾纓。」「孟嘗君」下當疊「孟嘗君」字。涕流沾纓，以孟嘗君言，非以雍門子言也。因兩「孟嘗君」字相連，誤脱其一。又，泰族篇：「小蘋破道，小見不達，必簡。」此文「道」下當疊「道」字，「達」下當疊「達」字，「見」字乃「則」字之誤。本云「小兟破道，道小則不達，達必簡。」文子上仁篇作「道小必不通，通則必簡。」是其明證也。因兩「道」字兩「達」字相連，誤脫其一。

七十三 字句錯亂例

古書傳寫或至錯亂，學者宜尋繹其前後文理，悉心考正。周易說卦傳：「爲曳，其於輿也爲多眚。」按：「爲曳」二字，當在「其於輿也」之下，「其於輿也爲曳。」如睽：「六三，見輿曳」是也。睽自三至五正互坎，以經注經，莫切於此矣。序卦傳：「豫必有隨，故受之以隨；以喜隨人者必有事，故受之以蠱。」按：「以喜」二字，當在「必有隨」之上。其文曰：「豫以喜必有隨，故受之以隨；隨人者必有事，故受之以蠱。」正義引鄭注曰，「喜樂而出，人則隨從，」正解「豫以喜必有隨」之義也，可據以訂正。

歸妹：「初九，歸妹以娣，跛能履，征吉。象曰：『歸妹以娣，以恆也。跛能履，吉相承也。』九二，眇能視，利幽人之貞。象曰：『利幽人之貞，未變常也。』」按：「眇能視」三字，當在「跛能履」之上。「眇能視，跛能履」兩句連文，與履六三爻同。九二則但曰「利幽人之貞」，與履「九二，履道坦坦，幽人貞吉」辭意相近。履九二言「幽人」，歸妹九二亦言「幽人」；履六三言「眇能視，跛能履」，則知歸妹初九亦言「眇能視，跛能履」矣。兩句一意，不得分屬二爻也。象傳止曰「跛能履」，不及「眇能視」，乃文具於前而略于後之例，說已見前。後人不達此例，以象傳無此三字，乃誤移之下爻耳。余著羣經平議，未見及此，因附著于此。

尚書盤庚篇：「乃祖乃父，丕乃告我高后曰：『作丕刑于朕孫。』」釋文曰：「『我高后』本又作『乃祖乃父。』」按：「我高后」既作「乃祖乃父」，則「乃祖乃父」必作「我高后」，釋文傳寫奪去耳。尋繹文義，以別本爲長。上言「乃祖乃父，乃斷棄女，不救乃死，」就臣而言也。此言「我高后丕乃告乃祖乃父曰：『作丕刑于朕孫，』」就君而言也。上文「高后丕乃崇降罪疾曰：『曷虐朕民。』」又曰：「先后丕降與女罪疾曰：『曷不暨朕幼孫有此。』」亦是一就君言，一就臣言，可證。

周書克殷篇：「泰顛、閎夭皆執輕呂以奏王，王入卽位于社太卒之左。」孔注曰：「執王輕呂當門，奏太卒，屯兵以衞也。」按：經文本作「泰顛、閎夭皆執輕呂以奏王太卒，王入卽位于社之左。」故孔注如此。堯典枚傳曰：「奏，進也。」奏王太卒者，言進王之大卒以衞王也。後人誤讀「皆執輕呂以奏王」爲句，謂與「周公把大鉞，召公把小鉞以夾王，」

相對成文，因移「太卒」字於「祉」字之下耳。孔晁作注時，尚未誤。又，世俘篇：「時甲子夕，商王紂取天智玉琰五環身厚以自焚。凡厥有庶告焚玉四千。五日，武王乃俾千人求之，四千庶玉則銷，天智玉五在火中不銷。」按：「凡厥有庶告焚玉四千」，「告焚」二字當在「四千」之下，「庶玉」二字連文。此云「凡厥有庶玉四千」，故下云「四千庶玉則銷」，兩文正相應也。「告焚」二字自爲句，既告焚之五日，武王乃使人求之。告焚者，以商王紂自焚告，非以焚玉告也。注曰：「衆人告武王焚玉四千，」則孔氏作注時已誤矣。

詩皇矣篇：「維此王季，帝度其心；貊其德音，其德克明；克明克類，克長克君。王此大邦，克順克比；比于文王，其德靡悔；既受帝祉，施于孫子。」箋云：「王季之德，比于文王，無有所悔也。必比于文王者，德以聖人爲匹。」按：父比于子，義殊未安。「維此王季」句，昭二十八年左傳及禮記樂記所引，並作「維此文王」，正義謂韓詩亦作文王。「維此王季」既作「維此文王」，則「比于文王」，必作「比于王季」，毛詩蓋傳寫誤耳。

大戴記王言篇：「明王之所征，必道之所廢者也。彼廢道而不行，然後誅其君，致其征，弔其民，而不奪其財也。」按：「致其征」三字，當在「誅其君」之上。其文曰：「彼廢道而不行，然後致其征。」此乃申說上文。又曰：「誅其君，弔其民，而不奪其財也。」則起下文時雨之意，文義甚明。傳寫誤倒。王肅作家語，遂易「致其征」爲「改其政」矣。又，夏小正篇：「初俊羔助厥母粥。」按：經文言「初」者，如「初歲祭耒」，「初服于公田」，皆以人事言。至禽獸之事，無一言初者。且不曰「俊羔初助厥母粥」，而曰「初俊羔助厥母粥」，義亦未安。此文「初」字當在上經「禪」字之上。其文曰：「往耰黍初禪。」言往耰黍者，初著單衣也。傳寫誤倒耳。又，武王踐阼篇：「觴豆之銘曰：『飲自杖，食自杖，戒之憍，憍則逃。』」按：「戒之憍，憍則逃，」乃上「履屨之銘」。其文云：「愼之勞，勞則富；戒之憍，憍則逃。」兩文相對，而義亦反復相成，傳寫誤移于此耳。

大戴記小辨篇：「禮樂而力忠信其君其習可乎？」按：此當作「君其習禮樂而力忠信，其可乎？」「君其習」三字誤移在「可乎」之上，則不可通。禮記禮運篇：「故聖王所以順山者不使居川，不使渚者居中原而弗敝也。」按：此當作「故山者不使居川，不使渚者居中原，聖王所以順而弗敝也。」「敝」讀作「彆」。詩采薇篇釋文引埤蒼曰：「彆，弓末反戾也。」順而弗彆者，順而弗戾也。「聖王所以順」五字，誤移在「山者」之上，則不可通。

昭元年左傳：「十二月，晉既烝，趙孟適南陽，將會孟子餘，甲辰朔，烝于溫。」按：此本作「十二月甲辰朔，晉既烝，趙孟適南陽，將會孟餘子烝于溫。」蓋言「甲辰朔晉烝祭之後，趙孟將適南陽，會合餘子之在孟邑者，與之烝祭于溫也。」溫、孟皆趙氏之邑，餘子卽宣二年傳所謂「又宦其餘子，亦爲餘子」者也。因「甲辰朔」三字，傳寫誤移在「烝于溫」之上，而「餘子」又倒作「子餘」，雖服子愼不得其解矣。又，二十年傳：「翟僂新居于新里，既戰，說甲于公而歸。」〔一〕按：翟僂新既居新里，安得脫甲于公？疑左氏原文本作「翟僂新居于新里，既戰，說甲而歸于公。」亦傳寫誤倒其文也。

管子霸形篇：「於是令之縣鍾磬之榱。」按：下文兩言「鍾磬之縣」，疑此「縣榱」二字傳寫誤倒，本作「榱鍾磬之縣」。「榱」通作「縗」，廣雅曰：「縗，絡也。」

墨子非儒下篇：「夫仁人事上竭忠，事親得孝，務善則美，有過則諫。」按：「得」字「務」字傳寫誤倒，本作「事親務孝，得善則美。」「務孝」與「竭忠」，「得善」與「有過」，皆相對成文。

莊子大宗師篇：「俄而子輿有病，子祀往問之曰：『偉哉！夫造物者將以予爲此拘拘也。』」按：子輿有病，當作「子來有病。」淮南子精神篇作「子求」，抱朴子博喻篇作「子

〔一〕按此文見昭公二十一年左傳，今作昭二十年，誤。——校點者

永」。「求」與「永」，並「來」字之誤也。下文「俄而子來有病」，當作「子輿有病」，傳寫誤倒之。

呂氏春秋審己篇：「今夫攻者砥厲五兵，侈衣美食，發且有日矣。所被伐者不樂，非或聞之也，神者先告也。」按：「侈衣美食」四字，當在「所被伐者」下。又，審應篇：「待其功而後知其舜也，是市人之知聖也。」按上「舜」字當作「聖」，下「聖」字當作「舜」。

春秋繁露盟會要篇：「傳曰：諸侯相聚而盟，君子修國曰：『此將率爲也哉。』」按：「修國」二字當在「此將率爲」之下。又，循天之道篇：「是故當百物大生之時，羣物皆生而此物獨死。可食者，告其味之便於人也；其不可食者，告殺穢除害之不待秋也。當物之大枯之時，羣物皆死，如此物獨生。」〔一〕按：「可食者告其味之便於人也」十一字，當在「如此物獨生」之下。

賈子時變篇：「今俗侈靡，以出相驕，出倫踰等，以富過其事相競。」按：「出倫踰等」四字，「出」衍文，「倫踰等」三字，當在上「出」字之下。本作「以出倫踰等相驕，以富過

〔一〕按上述引文，抱經堂本今已移刋在同書天地之行篇首節。——校點者

其事相競」。又，瑰瑋篇：「作之費日挾巧，用之易弊，不耕而多食農人之食。」按：「挾巧」二字，當在「不耕」之上，本作「挾巧不耕而多食農人之食」。

淮南子主術篇：「夫寸生於𥠻，𥠻生於日，日生於形，形生於景。」按：王氏引之以「𥠻」爲「𥝓」字之誤，是也。惟「𥝓生於日」，義不可通。疑本作「寸生於𥝓，𥝓生於形，形生於景，景生於日」，與下文「樂生於音，音生於律，律生於風」，文義一律。此皆字句之錯亂者，不可不正也。

七十四　簡策錯亂例

凡字句錯亂者，尋其文義，移易其一二字，卽怡然理順矣。若乃簡策錯亂，文義隔絕，有誤至數十字者，則非合其前後，悉心參校，不易見也。鄭君注禮，屢云爛脫；今舉數事，以見例焉。

周易繫辭下傳：「神農氏沒，黄帝、堯、舜氏作，通其變使民不倦，神而化之，使民宜之。易窮則變，變則通，通則久，是以自天祐之，吉无不利。黄帝、堯、舜，垂衣裳而天下治，蓋取之乾坤。」按：「易窮則變」二十字，以上下文法言之，殊爲不倫。疑「易窮則變，變則通，通則久，」乃上篇「動則觀其變而玩其占」以下之脱簡。「是以自天祐之，吉无不利」，乃文之重出者也。幸此文重出，而爛脱之迹，猶未盡泯，可以校正；當移至上篇曰：「是故君子居則觀其象而玩其辭，動則觀其變而玩其占，易窮則變，變則通，通則久，是以自天祐之，吉无不利。」

禮記儒行篇：「儒有不隕穫於貧賤，不充詘於富貴，不慁君王，不累長上，不閔有司，故曰儒。」按：上文所陳十五儒，皆以「儒有」起，「有如此者」結。此文亦以「儒有」起，而以「故曰儒」結之，既不一律，且義亦未足。豈所謂儒者，止以其不慁君王，不累長上，不閔有司乎？疑「儒有不隕穫」至「不閔有司」二十六字，當在上文「其尊讓有如此者」之前，與前所列十五儒一律。孔子説儒者之行，蓋十有六也。上文「溫良者仁之本也」至「猶且不敢言仁也」，當在此文「故曰儒」之上，乃孔子總論儒行也。自簡策錯亂，而十六儒止存十五儒。鄭君説溫良者一節爲聖人之儒行，説儒有不隕穫於貧賤一節爲孔子自謂，其失甚矣。

宣十八年左傳：「楚莊王卒，楚師不出，既而用晉師，楚於是乎有蜀之役。」按此二十一字，本在上文「夏，公使如楚乞師，欲以伐齊」之下，編次者因經書「甲戌楚子旅卒」，在「邾人戕鄫子于鄫」之後，遂割傳文而綴諸此，使經事相次耳，非左氏之舊。

國語周語：「是日也，瞽帥音官以省風土，廩於籍東南，鍾而藏之，而時布之於農。」按：是日者耕籍之日也，甫耕未及斂也，何遽及此。且王所籍田以奉齍盛，何以布之於農乎？疑「廩於籍東南鍾而藏之而時布之」十三字，當在下文「耨穫亦如之」之下，「民用莫不震動恪恭於農」之上；「於農」二字，卽涉下文而衍。幸衍此二字，爛脫之迹，尚未盡泯，可以校正。今移至下文曰：「耨穫亦如之，廩於籍東南，鍾而藏之，而時布之，民用莫不震動，恪恭於農。」如此則文義自順矣。

孟子盡心篇下：「貉稽曰：『稽大不理於口。』孟子曰：『無傷也，士憎茲多口。』」按：此章之文止於此。下文詩云：「憂心悄悄」一節，當在「貉稽曰」之前，與上章合爲一章。其文曰，「孟子曰：『君子之戹於陳、蔡之閒也，無上下之交也。詩云：「憂心悄悄，慍於羣小，」孔子也。「肆不殄厥慍，亦不殞厥問，」文王也。』」蓋因孔子而及文王，正以文王比孔子也。若果孟子爲貉稽引詩，則當有次弟，安得先孔子而後文王乎？又，鄉原章「曰：『何以是嘐嘐也？』言不顧行，行不顧言，則曰：『古之人，古之人，』行何爲踽踽涼涼？』」按：此三十字，當在「其志嘐嘐然」之下，「夷考其行」之上。「曰：『何以是嘐嘐也？』」

萬章問也；「言不顧行」以下，孟子答也。狂者言行不相顧，每以古人之行爲隘小而非笑之，則曰：「古之人古之人，行何爲踽踽涼涼？」此狂者譏古人之詞；及考其所爲，實未能大過古人，故曰：「夷考其行而不掩焉者也。」此三十字誤移在後，而前文止存「曰古之人古之人」七字，乃爛脫之未盡者，可藉以考見其舊也。

管子幼官篇：「二千里之外，三千里之內，諸侯五年而會至習命，三年名卿請事，二年大夫通吉凶，十年重適入正禮義，五年大夫請受變。」按：三年二年之後，又云十年五年，於義難曉，此二句當在下文「三千里之外諸侯世一至」之下，蓋世一至則太疏闊，故五年必使大夫請受變，十年必使重適入正禮義也。又，揆度篇：「二五者童山竭澤，人君以數制之人。味者所以守民口也，聲者所以守民耳也，色者所以守民目也；人君失二五者亡其國，大夫失二五者亡其勢，民失二五者亡其家。」按：「童山竭澤」四字，當在上文「至於黃帝之王」句下。輕重戊篇，「黃帝之王，童山竭澤，」是其明證。「人君以數制之人」句下「人」字衍文。此本云：「二五者，人君以數制之。人君失二五者亡其國，大夫失二五者亡其勢，民失二五者亡其家。」至「味者所以守民口也」三句，當在「二五者人君以數制之」之上。試連上文讀之曰：「其在色者，青、黃、白、黑、赤也；其在聲者，宮、商、羽、徵、角也；

其在味者，酸、辛、鹹、苦、甘也。味者所以守民口也，聲者所以守民耳也，色者所以守民目也。」如此，則文義俱順矣。「二五者人君以數制之」，本與「人君失二五者」相連。雖羼入此三句而尚留一「人」字，亦其迹之未泯者也。

楊子法言學行篇：「吾不覩參辰之相比也，是以君子貴遷善。遷善者聖人之徒也。百川學海而至於海，丘陵學山而不至於山，是故惡夫畫也。頻頻之黨，甚於鷽斯，亦賊夫糧食而已矣。」按：「遷善」與「參辰」不相比，意不相承；「頻頻之黨」與「惡畫」之義，亦不相承，此兩節疑傳寫互易。當曰：「吾不覩參辰之相比也，頻頻之黨，甚於鷽斯，亦賊夫糧食而已矣。百川學海而至於海，丘陵學山而不至於山，是故惡夫畫也。是以君子貴遷善，遷善者聖人之徒也。」兩節傳寫互易，而其義皆不可通。此皆簡策之錯亂者，不可不正也。

卷七

七十五　不識古字而誤改例

學者少見多怪，遇有古字而不能識，以形似之字改之，往往失其本眞矣。今略舉數事示例。

「其」，古文作「亓」。周易雜卦傳：「噬嗑，食也。賁，其色也。」蓋以食、色相對成文，加「其」字以足句也。「其」，從古文作「亓」，學者不識，遂改作「无」字，雖曲爲之說而不可通矣。周書文政篇：「基有危傾。」「基」字叚「其」爲之，蓋古字通用。詩昊天有成命篇，「夙夜基命宥密，」禮記孔子閒居篇作「夙夜其命宥密：」是其證也。因「其」字從古文作「亓」，學者不識，改作「示」字，「示有危傾」，義不可通矣。國語吳語，「伯父多歷年以沒其身，」語意甚明；因「其」字從古文作「亓」，學者不識，改作「元」字，「以沒元身」，義不可通矣。

「旅」，古文作「⿱止𧘇」。尚書康誥篇：「紹聞旅德言。」旅者，陳也。言布陳其德言也。

因「旅」字從古文作「𣥜」，學者不識，改作「衣」字矣。周書武稱篇：「冬寒其衣服。」「衣」亦「旅」字之誤。史記天官書曰：「主葆旅事。」是「旅」與「葆」同義。此篇曰，「冬寒其旅，」大武篇，「冬凍其葆；」文義同也。因「旅」字從古文作「𣥜」，學者不識，改作「衣」字而又加「服」字矣。官人篇：「愚依人也。」「衣」亦「旅」字之誤。「旅」讀爲「魯」，說文曰，「𣥜」古文「旅」，古文以爲魯、衞之「魯」是也。「愚魯」連文，義正相近，因叚「旅」爲「魯」，而又從古文作「𣥜」。學者不識，改作「衣」字，以「愚衣」無義，又從人作「依」矣。

「服」，古文作「𠬝」。尚書呂刑篇：「何敬非刑，何度非服。」刑、服對言，古語如此。堯典曰：「五刑有服，五服三就。」此篇曰：「上刑適輕下服，下刑適重上服。」並其證也。史記作「何居非其宜」。爾雅曰：「服、宜，事也。」是服、宜同義，故經文作「服」，史記作「宜」也。「服」字從古文作「𠬝」，學者不識，改作「及」字，則史記作「宜」之故不可曉矣。大戴記王言篇，「服其明德也，」其義明白無疑。因「服」字從古文作「𠬝」，學者不識，改作「及」字，孔氏廣森作補注曰：「明德之所及也。」夫明德所及，不得言及其明德，可知其非矣。淮南子主術篇，「蓋力優而德不能服也，」其義亦明白無疑。因「德」

字從古文作「㥁」，「服」字從古文作「㞋」，學者不識，改「㥁」爲「克」，改「㞋」爲「及」。高注曰：「克，猶能也。」則「克不能及」爲「能不能及」，文義不可通矣。按僖二十四年左傳：「子臧之服，不稱也夫！」釋文「服」作「及」。蓋亦由古本是「㞋」字，故誤爲「及」也。

「近」，古文作「𡰯」。禮記大學篇，「見賢而不能舉，舉而不能近」，與「見不善而不能退，退而不能遠」，相對成文。因「近」字從古文作「𡰯」，學者不識，疑篆文「先」字之誤，遂改爲「先」字，與下句不一律矣。

「自」，古文作「白」。大戴記文王官人篇，「自分其名以私其身」，與周書官人篇「自以名私其身」，雖字句小異，意義則同。因「自」字從古文作「白」，學者以爲黑白之「白」，遂移至「分」字之下，作「分白其名」，非戴記之舊矣。

「終」，古文作「弁」。大戴記本命篇，「女終日乎閨門之內，」義本甚明。因「終」字從古文作「弁」，隸變作「夂」，學者不識，改作「及」字，孔氏補注曰，「及日猶終日，」則義不可通矣。

「君」，古文作「𠮃」。國語晉語：「楚成王以君禮享之，」謂以國君之禮享之。下文

「秦穆公饗公子如饗國君之禮」，正與此同。因「君」字從古文作「𠱓」，學者不識，改爲「周」字。管子白心篇：「知苟適可爲天下君。」猶下文言「可以爲天下王」也。因「君」字作「𠱓」，學者不識，亦改爲「周」字。

「讙」，古文作「吅」。周書時訓篇：「鷃旦不鳴，國有訛言；虎不始交，將帥不讙；荔挺不生，卿士專權。」「讙」與「歡」古字通用。因「讙」字從古文作「吅」，學者不識，改爲「和」字，則與上下文「言」字、「權」字不協韻矣。

「師」，古文作「𠦪」。墨子備蛾傅篇，「敵引師而去，」其文甚明。因「師」字從古文作「𠦪」，學者不識，改爲「哭」字。「引哭而去」，義不可通矣。

「𠑽」，古儡字也。說文人部：「儡，相敗也。從人，𤳳省聲。」「𠑽」字亦從人、從𤳳省，而止省去中閒一回。猶「鸓」字從鳥，𤳳省聲，而籀文作「𪈓」，止省去中間一回也。管子侈靡篇：「若是者必從是𠑽亡乎？」𠑽亡，猶言敗亡也。學者不識「𠑽」字，傳寫誤作「囂」，尹注以爲卽「梟」字，洪氏筠軒又疑是「嚚」字之譌，胥失之矣。

「垂」，古文作「𠂹」，見說文我部。管子地員篇，「山之𠂹」，卽山之垂也。說文土部：「垂，遠邊也。」謂山之邊側也。學者不識「𠂹」字，誤作「才」字，又加木旁作「材」，失之矣。

「起」，古文作「迟」。漢書孝哀帝紀：「建平元年詔曰：『其與大司馬、列侯、將軍、中二千石、州牧、守相，舉孝弟惇厚、能直言、通政事，迟於側陋、可親民者，各一人。』」「起於側陋」，謂從微賤起家，故能周知民間疾苦，可使親民也。學者不識「迟」字，誤作「延」字。師古訓爲可延致而仕者，文義迂回；王氏念孫遂議移此四字於州牧守相之下矣。

七十六　不達古語而誤解例

古人之語，傳之至今，往往不能通曉，於是失其解者，十而八九。今略舉數事示例。

艸蔡，古語也。說文丰部：「丰，艸蔡也。象艸生之散亂也。」亦或作「草竊」，竊與蔡一聲之轉。「艸蔡」之爲「草竊」，亦猶莊子「竊竊」之或爲「察察」也。尚書微子篇：「好草竊姦宄。」「草竊」卽「艸蔡」，其本義爲艸亂。引申之，則凡散亂者皆得言之，故與好宄連文。「好草竊」，卽「好亂」也。枚傳訓爲草野竊盜，不達古語矣。

旅距，古語也。後漢書馬援傳：「黠羌欲旅距。」李賢注曰：「旅距，不從之貌。」亦或作「據旅」，「據」與「距」聲近。說文酉部，「醵，或作酟，」是其證也。「旅距」「據旅」，語有倒順耳。凡雙聲疊韻之字，往往如此。大戴記曾子制言篇：「行無據旅。」言其行之無所達也。盧注訓爲「守直道無所私」，未達古語。

土芥，古語也。哀元年左傳，「以民爲土芥」是也。芥，即丯字。說文丯部：「丯，艸蔡也，讀若介。」因「丯」讀若「介」，故即以「介」爲之，而又叚用從艸之「芥」也。亦或作「土察」。察者，蔡之叚字，猶芥者介之叚字也。大戴記用兵篇，「作宮室高臺汙池，以民爲土察，」猶左傳所云「以民爲土芥」也。學者不識土察之語，乃移至「汙池」之下，使「汙池土察」四字連文，而「以民爲」下增「虐」字以成句，「以民爲虐」，文不成義，可知其非矣。

弱植，古語也。「植」，讀爲脂膏膸敗之「膸」，字本作「殖」。說文歺部：「殖，脂膏久殖也。」亦通作「埴」。釋名釋土地：「土黃而細密曰埴。埴，膱也。黏泥如脂之膱也。」然則人之弱者謂之膸，猶土之黏者謂之埴矣。襄三十年左傳：「其君弱植。」「植」即「膸」之叚字。正義訓「植」爲「樹立」，則弱植二義不屬矣。

究度，古語也。詩皇矣篇，「爰究爰度」是也。亦或作鳩度。襄二十五年左傳：「度山林，鳩藪澤」是也。說本王氏經義述聞。亦或作軌度，二十一年傳：「軌度其信」是也。究、鳩、軌，並從「九」聲，故得通假。劉炫曰：「軌，法也；行依法度而言有信也。」未達古語。

婁空，古語也。說文女部：「婁，空也。從毋、中、女，婁空之意也。」凡物空者無不明，故以人言則曰離婁，以屋言則曰麗廔。「離」與「麗」，皆婁字之雙聲也。論語先進篇：「回也其庶乎，屢空。」此言顏子之心，通達無滯，若窗牖之麗廔闓明也。史記伯夷傳，「回也屢空，糟糠不厭，」則西漢經師已失其解；而「婁空」之語獨見于說文，乃歎許君之書，有裨經學不淺也。

遷延，古語也。襄十四年左傳，「晉人謂之遷延之役」是也。亦或作「遷衍」，「衍」與「延」，古通用。周官大祝注，「衍字當爲延；」又男巫注，「衍讀爲延：」並其證也。管子白心篇，「無遷無衍，」猶曰無遷延耳。尹注曰，「無遷移，無寬衍，」未達古語。

斟愖，古語也。後漢書馮衍傳：「意斟愖而不澹兮。」李賢注曰：「斟愖，猶遲疑也。」亦或作諶斟。「諶」與「愖」同，「斟愖」、「諶斟」，語有倒順耳。管子任法篇：「然故諶斟習士，聞識博學之人，不可亂也。」習士即俗士。說文人部：「俗，習也。」習、俗雙聲，故義得相通。「諶斟習士」，謂流俗之士，意識遲疑者也；此指愚不肖者而言。下云「聞識博學之人」，則指賢知者而言。今「斟」字誤作「杵」，蓋由古書「斟」字或作「抖」，見漢書地理志應劭注。抖、杵形近而誤。尹注曰：「杵所以毀碎於物者也。謂姦詐之人，僞託於誹以毀君法。」此不達古語而強爲之說，迂曲甚矣。

比要，古語也。周官小司徒職：「大比則受邦國之比要。」鄭司農云：「要，謂其簿。」然則比要者，大比之簿籍也。管子七臣七主篇：「比要審則法令固。」可知管子治齊，猶本周制。後人不識比要之語，改「比」爲「皆」，尹注訓爲「事皆得要」，失之。

寠數，古語也。釋名釋姿容曰：「寠數，猶局縮，皆小意也。」字亦作「屨縷」。「屨縷」與「寠數」，並從婁聲；古雙聲疊韻字無一定也。管子輕重甲篇：「北郭者盡屨縷之甿也。」「屨縷」卽「寠數」，猶小民耳。自來不達古語，莫得其解。

稽秵，古語也。說文禾部：「秵，稽秵也。」徐鍇曰：「稽秵，不伸之意。」亦或作「支苟」；古文以聲爲主，無定字耳。墨子親士篇：「分議者延延，而支苟者詻詻。」「支苟」卽「稽秵」，蓋謂在下位者，雖見淩壓而不得伸，必詻詻然自伸其意也。自來莫得其解，畢氏沅遂疑其字誤矣。

謑詬，古語也。說文言部：「詬，謑詬，恥也。」荀子非十二子篇作「謑訽」，「訽」卽「詬」

之或體。漢書賈誼傳作「奊訢」，「奊」即「謑」之或體，作「謨」者之省也。又或作「奚后」。「奚」即「謑」之省，「后」即「訢」之省，古文省偏旁耳。墨子節葬下篇：「內積奚后，並爲淫暴，而不可勝禁也。」「奚后」即「謑訢」，言其內積恥辱也。今本「積」誤爲「續」，「后」誤爲「吾」，於是古語愈不可解矣。

解果，古語也。荀子儒效篇：「解果其冠。」楊注引說苑「蟹螺者宜禾」爲證。富國篇云：「和調累解。」又韓非子揚搉篇：「若天若地，是謂累解。」「累解」亦即「蟹螺」也。彼從虫而此否者，書有緐簡；「蟹螺」「累解」，語有倒順耳。說苑以「蟹螺汙邪」對文，則「蟹螺」猶平正也。注者不知古語，均失其解。

逡巡，古語也。亦或作「逡遁」。漢鄭固碑，「逡遁退讓」是也。亦或作「蹲循」。莊子至樂篇：「忠諫不聽，蹲循勿爭。」按：外物篇釋文引字林曰：「踆，古蹲字。」然則漢碑作「逡遁」，莊子作「蹲循」，字異而義同。謂人主不聽忠諫，則人臣當逡巡而退，勿與爭也。郭注曰：「惟中庸之德爲然。」此不達古語而曲爲之詞。

敬文，古語也。荀子勸學篇曰：「禮之敬文也。」禮論篇曰：「事生不忠厚，不敬文，謂之野；送死不忠厚，不敬文，謂之瘠。」是荀子書屢有此言。性惡篇：「不如齊、魯之孝具敬父者，何也？」則誤「文」爲「父」。大略篇：「不時宜，不敬交，不驩欣，」則誤「文」爲「交」。皆由淺人不達古語而臆改。

鮮黼，古語也。說文黹部：「黼，合五采鮮色。」是鮮色謂之「黼」，故合而言之曰「鮮黼」。墨子節用上篇「芊䱇」字四見，皆當作「鮮且」，蓋鮮字左旁之魚，誤移在且旁耳。「鮮且」即「鮮黼」，黼從虘聲，虘從且聲，故「且」字可通作黼也。古書多古語，又多叚借字，殆難爲拘文牽義者道矣。

七十七　兩字一義而誤解例

詩天保篇：「俾爾單厚。」傳曰：「單，信也。或曰，單，厚也。」箋云：「單，盡也。」按：傳、箋三說，當以訓「厚」爲正。「俾爾單厚」，單、厚一義，猶下文「俾爾多益」，多、益，亦一義也。古書中兩字一義者，往往有之。

尚書無逸篇：「用咸和萬民。」按：咸、和，一義也。「咸」讀爲「諴」。說文言部：「諴，和也。」咸和即諴和；枚傳以爲「皆和萬民」，則不辭矣。多方篇：「爾曷不夾介乂我周王。」按：夾、介，一義也。一切經音義引倉頡曰：「夾，輔也。」爾雅釋詁曰：「介，助也。」夾介，猶言輔助。杕傳以爲「近大見治於我周王」，則不辭矣。

周書商誓篇：「昏憂天下。」按：「憂」當爲「擾」，隸變作「擾」，闕其左旁，則爲「憂」矣。昭十四年左傳注曰：「昏，亂也。」襄四年傳注曰：「擾，亂也。」昏、擾二字同義。

詩板篇：「爾用憂謔。」按：憂、謔同義。「憂」讀爲「優」。襄六年左傳注曰：「優，調戲也。」是優卽謔也。蕩篇：「而秉義類。」按：義、類同義，「義」與「俄」通，衺也；說本王氏念孫。「類」與「戾」通，說文犬部：「戾，曲也。」義類猶言衺曲也。昭十六年左傳：「刑之頗類。」「頗類」亦與「義類」同，頗、義，古同部字也。鄭箋訓憂謔爲「可憂之事，反如戲謔」。訓義類爲「宜用善人」。不知二字同義，而曲爲之說，宜其迂遠矣。

周官庾人：「正校人員選。」按：員、選同義，皆數也。說文員部：「員，物數也。」選通作「算」，說文竹部：「算，數也。」正校人員選者，正校人之數也。鄭注云：「選擇可備員者，」失之。

大戴記文王官人篇：「其老觀，其意憲愼。」按：意、憲同義。原憲，字子思，是憲有思義，意憲，猶意思也。禮記樂記篇：「發慮憲，求善良。」「良」與「善」同義，「憲」與

「慮」亦同義。自來但知憲之訓法，而不知憲之訓思，則意憲也，慮憲也，皆兩字不倫矣。又曰：「微忽之言。」按：微、忽同義，廣雅釋詁：「緫，微也。」曹憲音忽，是緫即忽也。漢書律曆志曰：「無有忽微。」此云「微忽」，猶彼云「忽微」。盧注曰：「謂微細及忽然之語，」則微忽二字不倫矣。

文十八年左傳：「其人則盜賊也，其器則姦兆也。」按：盜、賊二字同義，姦、兆二字亦同義。兆讀爲佻。周語曰：「姦仁爲佻。」此姦佻之義也。杜注訓兆爲域，失之。襄三十一年傳：「寇盜充斥。」按：充、斥二字同義。充，大也，見淮南說山篇、呂氏春秋必己篇高誘注。斥，亦大也，見文選魏都賦李善注。凡有大義者皆有多義，如「般」訓「大」，亦訓「盛」；「豐」訓「大」，亦訓「滿」：皆是也。充、斥，並爲大，故竝爲多；充斥，言多也。杜注曰：「充滿斥見，」失之。昭十二年傳：「唯是桃弧棘矢以共禦王事。」按：共、禦二字同義。「禦」與「御」通。廣雅釋詁，「供奉獻御，進也。」「共御」猶曰「共奉獻御」。質言之，則止是以共王事耳。御亦共也，杜注曰：「以禦不祥，」失之。

國語周語：「叔父若能光裕大德，更姓改物，以創制天下，自顯庸也。」按：創、制二字同義。論語憲問篇釋文曰：「創，制也。」顯、庸二字亦同義，庸讀爲融。下文「穀洛鬬章，顯融昭明。」彼作「顯融」，此作「顯庸」，一也。鄭語：「命之曰祝融。」韋注：「融，明也。」然則「顯融」二字，止是一義；「顯融昭明」四字，亦止是一義。又曰：「制戎以果毅，制朝以序成。」按果、毅二字一義，序、成二字亦一義。序，次也。成，亦次也。言制朝廷之位則以次序也。儀禮覲禮篇鄭注曰：「成，猶重也。」凡相重者卽有相次之義，故成爲重，亦爲次；猶序爲次，亦爲重。史記趙世家正義曰：「序，重也。」足證其義之通矣。又曰：「棄袞冕而南冠以出，不亦簡彝乎？」按：簡、彝二字同義。爾雅釋詁：「夷，易也。」「彝」與「夷」古字通。簡彝，卽簡易也。又曰：「若能類善物以混厚民人者。」按：混、厚二字同義，混亦厚也。說文心部：「惲，重厚也。」今惲厚字皆以「渾」爲之，而「混」與「渾」又通用，故混厚卽渾厚矣。又曰：「四閒林鍾，和展百事，俾莫不任肅純恪也。」按：和、展二字同義。展，布也；和展，猶和布也。周官太宰之職：「正月之吉，始和布治于邦國都鄙。」「和」讀爲「宣」，和布者，宣布也，說本王氏引之。然則和展亦猶宣布也。以上諸條，並二字同義，而韋注皆失其解。

孟子公孫丑篇：「弟子齊宿而後敢言。」按：齊、宿二字同義。儀禮特牲饋食禮、禮記祭統篇注，並曰：「宿讀爲肅。」然則齊宿卽齊肅也。賈子保傅篇，「有司齊肅端冕；」國語楚語，「故齊肅以承之。」並「齊肅」連文之證。離婁篇：「又從而禮貌之。」按：禮、貌二字同義。周易繫辭傳：「知崇禮卑。」蜀才本「禮」作「體」。詩谷風篇：「無以下體。」韓詩外傳「體」作「禮」。然則禮貌即體貌也。戰國齊策：「令人體貌而親郊迎之。」漢書賈誼傳：「所以體貌大臣而厲其節也。」並體貌連文之證。

七十八　兩字對文而誤解例

凡大小長短是非美惡之類，兩字對文，人所易曉也；然亦有其義稍晦，致失其解者。如尚書洪範篇：「木曰曲直，金曰從革。」「曲直」對文，「從革」亦對文。漢書外戚傳注曰：「從，因也，由也。」蓋從之義爲由，故亦爲因。從革，卽因革也。金之性可因可革，謂之從革；猶木之性可曲可直，謂之「曲直」也。人知因革，莫知從革，斯失其解矣。酒誥篇：「作稽中德。」按：「作稽」二字對文。稽字從禾，說文曰：「禾，木之曲頭，止不能上也。」故「稽」亦有「止」義。說文稽部：「稽，留止也。」作稽者，作止也。言所作所止，無不中德也。人知「作止」，莫知「作稽」，斯失其解矣。

周書文政篇：「充虛爲害。」按：充、虛二字對文。荀子儒效篇：「若夫充虛之相施易也。」楊倞注曰：「充，實也。」是充虛卽實虛也。大聚篇：「殷政總總若風草，有所積，有所虛。」此卽充虛爲害之義。人知「虛實」，莫知「充虛」，斯失其解矣。

詩野有蔓草篇：「邂逅相遇。」綢繆篇，「見此邂逅。」按：「邂逅」二字對文。莊子胠篋篇：「解垢同異之變多。」解垢，卽邂逅也。與「同異」竝言，是「邂逅」二字各自爲義。解之言解散也，逅之言構合也。野有蔓草篇傳曰：「不期而會，」是專說逅字之義，謂因逅而連言邂也。綢繆篇傳曰：「解說之貌，」是專說邂字之義，謂因邂而連言逅也。毛公，六國時人，猶達古義。

國語楚語：「吾聞君子唯獨居思念前世之崇替。」按：「崇替」二字對文。韋注曰：「崇，終也；替，廢也。」是未達崇字之義。文選東京賦薛綜注曰：「崇，猶興也。」然則「崇替」猶言「興廢」。

管子五輔篇：「修道途，便關市，愼將宿。」按：「將宿」二字對文。廣雅釋詁：「將，行也」，「宿，止也。」然則「將宿」猶言「行止」。又，水地篇：「違非得失之實也。」按：「違非」二字對文。「違」讀爲「韙」。隱十一年左傳：「犯五不韙。」杜注曰：「韙，是也。」然則「違非」猶言「是非」。

七十九　文隨義變而加偏旁例

周易訟九三象傳：「患至掇也。」集解引荀爽曰：「如拾掇小物而不失也。」釋文曰，「鄭本作惙，憂也。」按：此字鄭、荀各異，疑本字止作「叕」。說文叕部：「叕，綴聯也。」「患至叕也」，言患害之來，綴聯不絕也。荀訓「掇拾」，因變其字爲「掇」；鄭訓「憂」，因變其字爲「惙」。皆文之隨義而變者也。

尚書堯典篇：「黎民阻飢。」詩思文篇正義引鄭注曰：「阻，阸也。」釋文曰：「馬融注尚書作祖，始也。」按：此字馬、鄭各異，疑本字止作「且」。說文且部：「且，薦也。」「黎民且飢」，言黎民薦飢也。馬訓「始」，因變其文作「祖」；鄭訓「阸」，因變其文作「阻」。亦文之隨義而變者也。

詩載芟篇：「有飶其香。」傳曰：「飶，芬香也。」釋文曰：「字又作苾。」按：苾，本字；飶，俗字也。後人因其言酒醴，變而從食。說文遂於食部出飶篆曰：「食之香也。」然則下文「有椒其馨」，椒字何又不從食乎？經典之字，若斯者衆，山名從山，水名從水，鳥獸草木，無不如是；而字亦孳乳浸多矣。

周官內饔：「烏𤛑色而沙鳴貍。」按：説文無「𤛑」字。釋文出「𤛑」字曰：「本又作𩢸。」是陸氏所據本作「𤛑」也。説文牛部，「𤛑，牛黄白色；」又馬部，「驃，黄馬發白色：」二字義同。以牛言故從牛，以馬言故從馬耳。此經言鳥，而古無從鳥從票之字，故借用「𤛑」字。傳寫者以其言鳥不得從牛，又改而從「白」；玉篇白部遂收「皫」字矣。

八十　字因上下相涉而加偏旁例

字有本無偏旁，因與上下字相涉而誤加者。如詩關雎篇：「展轉反側，」展字涉下「轉」字而加車旁；采薇篇：「玁狁之故，」允字涉上「玁」字而加犬旁，皆是也。

周官大宗伯職：「以禬禮哀圍敗。」鄭注曰：「同盟者會合財貨以更其所喪。」按：周禮原文本作「會禮」，故鄭君直以「會合財貨」説之。若經文是「禬」字，則爲禬禳之「禬」，非會合之「會」，鄭君必云「禬讀爲會」矣。鄭無讀爲之文，知其字本作「會」，涉下「禮」字而誤加「示」旁也。

大戴記夏小正篇：「緹縞」。按：「緹」字，古夏小正當作「是」，「是」與「寔」通，「寔」與「實」通，故傳曰：「是也者，其實也。」今作「緹」，涉下「縞」字而誤加「糸」

旁。

八十一　兩字平列而誤倒例

平列之字，本無順倒，雖有錯誤，文義無傷；然亦有不可不正者。禮記月令篇：「制有小大，度有長短。」按：「長短」當依呂氏春秋仲秋紀作「短長」，今作「長短」，則與韻不協矣。又云：「量小大，視長短。」按：「小大」當依衞湜集說本作「大小」。上文云：「制有小大，度有短長。」則小字當在大字之前，以下句短字在長字之前，「小大」、「短長」各相當也。此云：「量大小，視長短，」則大字當在小字之前，以下句長字在短字之前，「大小」、「長短」，亦各相當也。正義曰：「大，謂牛、羊、豕成牲者；小，謂羔、豚之屬也。」先釋大字，後釋小字，是其所據本不誤。此類宜悉心訂正，庶不負古人文理之密察也。

八十二　兩文疑複而誤删例

周書酆保篇：「不深乃權不重。」按：此當作「不深不重，乃權不重。」蓋承上文「深念之哉，重維之哉」而言。謂不深念之，不重維之，則其權不重也。後人因兩句皆有「不重」字而誤删其一，不知上句「不重」乃重複之「重」，下句「不重」乃輕重之「重」，字雖同而義則異也。

商子農戰篇：「國作一歲者十歲彊，作一十歲者百歲彊，修一百歲者千歲彊。」按：此承上句「是以聖人作壹摶之也」而言。本云「國作壹一歲者十歲彊，作壹十歲者百歲彊，作壹百歲者千歲彊」，乃極言「作壹」之效。本篇「作壹」字屢見，此四言「作壹」，乃一篇之宗旨也。讀者誤謂「壹」「一」同字，而於「作壹一歲」句删去「壹」字，於下兩句又改「壹」爲「一」，末句「作」字又誤爲「修」，於是其義全失矣。

八十二　據他書而誤改例

禮記坊記篇引詩：「横從其畝。」按：毛詩作「衡從其畝」。傳曰：「衡獵之，從獵之。」釋文引韓詩作「横由其畝」。東西耕曰横，南北耕曰由。此經引詩，上字旣同韓詩作「横」，下字亦必同韓詩作「由」。鄭君疑南北耕不可謂之由，故不從韓義而别爲之說曰：「横行治其田也。」廣雅釋詁曰：「由，行也。」鄭訓「横由」爲「横行」，其意如此。後人據毛詩以改禮記，而注義晦矣。

墨子七患篇：「爲者疾，食者衆，則歲無豐。」按：「疾」當作「寡」。爲者寡而食者衆，雖豐年不足供之，故歲無豐也。今作「爲者疾」，後人據大學改之。

荀子勸學篇：「君子博學而日參省乎己。」按：「省乎」二字衍文。大戴記勸學篇作「君子博學如日參己焉。」「如」、「而」古通用，無「省乎」二字。此作「君子博學而日參省乎己」，後人據論語增之。

呂氏春秋孟春紀：「乘鸞輅。」按：「鸞」，本作「鑾」。高注曰：「鸞鳥在衡，和在軾，鳴相應和，後世不能復致，鑄銅爲之，飾以金，謂之鑾輅也。」高意鑄銅象鸞鳥，故其字從金，從鸞省；若本是鸞字，不必有鑄銅飾金之說矣。今作「鸞輅」者，後人據禮記改之，遂幷高注而竄易之。

淮南子詮言篇：「此四者，耳、目、鼻、口，不知所取去，心爲之制，各得其所。」按：上文云「目好色，耳好聲，口好味。」此承上文而言，不當有「鼻」字；蓋後人據文子符言篇增入之。不知彼上文「目好色，耳好聲，鼻好香，口好味，」與此不同，未可據彼增此也。

八十四　據他書而誤解例

詩鄭風羔羊篇：「三英粲兮。」傳曰：「三英，三德也。」箋云：「三德，剛克、柔克、正直也。」按：三德，即具本詩。首章「洵直且侯」一句有二德，次章「孔武有力」一句爲一德。直也，侯也，武也，所謂三德也。鄭以洪範說此詩，恐未必然。蓋一經自有一經之旨，牽合他書爲說，往往失之。

董子三代改制質文篇：「故四法如四時然。」按：四法，即上文所謂「主天法商而王，主地法夏而王，主天法質而王，主地法文而王」也。盧氏文弨注引錢說云，「四法，即夫子所以告顏淵者，」亦猶鄭君之以洪範三德說三英矣。

書序以武庚、管叔、蔡叔爲三監，逸周書作雒篇以武庚、管叔、霍叔爲三監。左傳以「皇皇者華」一詩爲有五善，魯語則謂有六德。周禮天官有九嬪，無三夫人；昏義則有三夫人。周禮六官爲六卿，考工記匠人則有九卿。匠人營國方九里，旁三門，凡十二門；月令則但有九門。王制：「士一廟。」祭法則云：「適士二廟，官師一廟，庶士無廟。」曲禮王制並云：「大夫祭五祀。」祭法則云：「大夫立三祀。」凡此之類，當各依本文爲說；援据他書，牽合異義，則反失之矣。說詳王氏經義述聞。

八十五　分章錯誤例

詩關雎篇：「關雎五章，章四句。故言三章：一章，章四句；二章，章八句。」釋文曰：「五章，是鄭所分，『故言』以下是毛公本意，後放此。」按：關雎分章，毛、鄭不同，今從毛，不從鄭。竊謂此詩當分四章，每章皆有「窈窕淑女」句，凡四言「窈窕淑女」，則四章也。首章以「關關雎鳩」與「窈窕淑女」，下三章皆以「參差荇菜」與「窈窕淑女」；惟弟二章增「求之不得，寤寐思服，悠哉悠哉，展轉反側」四句。此古人章法之變。「求之不得」正承「寤寐求之」而言，鄭分而二之，非是。毛以此章八句，遂合三四兩章爲一，使亦成八句，則亦失之矣。

論語分章亦有可議者。如「子曰雍也可使南面」爲一章，「仲弓問子桑伯子」以下又爲一章。必謂仲弓聞夫子許己，因問子桑伯子以自質，則失之泥矣。此古注是而今非也。「子謂顏淵曰，用之則行，舍之則藏，惟我與爾有是夫」爲一章，「子路曰」以下又爲一章。子路之問，乃是自負其勇；必謂因夫子獨美顏淵而有此問，則視子路太淺矣。此古注與今本俱失者也。

老子五十七章：「以正治國，以奇用兵，以無事取天下，吾何以知其然哉？以此。」按：此數句當屬上章。如二十二章曰，「吾何以知衆甫之然哉？以此。」五十四章曰，「吾何以知天下之然哉？以此。」並用「以此」二字爲章末結句是也。下文「天下多忌諱而民常貧」，乃别爲一章。今本誤。

八十六　分篇錯誤例

呂氏春秋貴信篇：「管子可謂能因物矣。以辱爲榮，以窮爲通，雖失乎前，可謂後得之矣，物固不可全也。」按：貴信篇文止於「可謂後得之矣」。言管仲失乎前而得乎後，其意已足；「物固不可全也」，乃下舉難篇之起句。故其下云，「由此觀之，物豈可全哉？」正與起句相應也。今本誤。

董子深察名號篇：「詰其名實，觀其離合，則是非之情，不可以相讕也。」按：此下當接「春秋辨物之理」至「五石六鷁之辭是也」六十三字；深察名號篇至此已畢。「今世闇於性言之者不同」至「離質如毛則非性矣，不可不察也」八十三字，與「栣衆惡於內」云云相接，卽爲實性上篇。今此八十三字誤羼入深察名號篇「春秋辨物之理」一節之上，而兩篇遂不可分矣，非董子之舊。

八十七　誤讀夫字例

「夫」字古或用作詠歎之辭，人所盡曉；乃亦有誤屬下讀者。論語子罕篇：「未之思也，夫何遠之有。」此當於「夫」字絶句，今誤連「何遠之有」讀之。孟子離婁篇：「仁不可爲衆也，夫國君好仁，天下無敵。」此亦當於「夫」字絶句，今誤連「國君好仁」讀之。

莊子徐無鬼篇：「其求唐子也而未始出域，有遺類也夫。」按：「有遺類也夫」，乃反言以明之，言必無遺類也。郭注以「夫」字連下「楚人寄而蹢閽者」讀，故失其義。

呂氏春秋開春篇：「先君必欲一見羣臣百姓也，天故使欒水見之。」按：「天」乃「夫」字之誤。戰國策魏策、論衡死僞篇並作「夫」，「夫」字屬上讀。此誤作「天」者，失其讀因誤其字也。

八十八　誤增不字例

古書簡奥，文義難明，後人不曉，率臆增益，致失其眞，比比皆是；乃有妄增「不」字，致與古人意旨大相剌謬者。管子法法篇：「盡而不意，故能疑神。」疑神猶言如神。形勢篇曰，「無廣者疑神，」是其證也。後人不曉疑神之語，改作「故不能疑神」，失其旨矣。又參患篇：「法制有常，則民散而上合，」與上文「治國無法，則民朋黨而下比，」相對爲文。散者，散其朋黨也。後人不曉民散之語，改作「則民不散而上合」，失其旨矣。又商子修權篇，「故多惠言而剋其賞，」此謂口惠而實不至也，故與「數加嚴令而不致其刑」相對爲文。後人不曉，改作「不多惠言」，失其旨矣。呂氏春秋淫辭篇：「罪不善，善者故爲畏。」此「故」字當讀爲「胡」，「胡」與「故」，古字通用。言所罪者止是不善者，則善者胡爲畏也。楊倞注荀子解蔽篇引論衡，正作「善者胡爲畏」，是其明證。後人不曉，改作「善者故爲不畏」，失其旨矣。凡此之類，皆後人妄加，致與古人立言之旨南轅而北轍。善讀者宜體會全文，訂正其誤，不可爲其所惑也。

莊子一書，文章超妙，讀者不得其用筆之意，拘牽文義，妄加「不」字甚多。如胠篋篇：「然則鄉之所謂知者，乃爲大盜積者也。」此即上文而斷之。下曰：「故嘗試論之，世俗所謂知者，有不爲大盜積者乎？所謂聖者，有不爲大盜守者乎？」又承此而推言之，與此文不同。讀者誤據下文，於此文亦增「不」字，作「不乃爲大盜積者也」，則文不成義矣。又，天道篇：「世人以形色名聲爲足以得之。夫形色名聲，果足以得彼之情，則知者不言，言者不知，而世豈識之哉？」四十二字一氣相屬；〔一〕今妄增「不」字，作「果不足以得彼之情」，則不相屬矣。達生篇：「世之人以爲養形足以存生。而養形果足以存生，則世奚足爲哉？」二十五字亦一氣相屬，「而」字當讀爲「如」；今妄增「不」字，作「而養形果不足以存生」，則不相屬矣。凡此皆拘牽文義者所爲也。

賈子屬遠篇：「故陳勝一動而天下振，」言天下爲之振動也；今作「天下不振」，失之。淮南子原道篇：「夫內不開於中而彊學問者，入於耳而不著於心，」此言道聽而塗說也；今作「不入於耳」，失之。於是知不善讀書而率臆妄改，皆與古人反脣相譏也。

楊子法言學行篇：「川有瀆，山有嶽，高而且大者，衆人所能踰也。」又曰：「使我紆

〔一〕按莊子原文，作「世人以形色名聲爲足以得彼之情，夫形色名聲，果不足以得彼之情，」三句中多「彼」、「情」、「不」三字。如此連下三句方足四十二字。今俞氏所引莊子既除去此三字，則應稱「三十九字一氣相屬」——校點者

朱懷金，其樂可量也。」（從文選注訂正）此兩「也」字均當讀爲「邪」。古「也」、「邪」字通用。「衆人所能踰也」，言不能踰也，「其樂可量也」，言不可量也。學者不達古語，妄加「不」字，作「衆人所不能踰也」，「其樂不可量也」。淺人讀之，似乎文從字順，而實則翩其反矣。

列子仲尼篇：「不治而自亂。」亂，治也。謂不治而自治也。與下文「不言而自信，不化而自行」一律。今作「不治而不亂」，此則臆改而非妄加，然其失當，則亦同科。

古書疑義舉例補

古書疑義舉例補目錄

古書疑義舉例補

儀徵　劉師培

幼讀德清俞氏書，至古書疑義舉例，嘆爲絶作，以爲載籍之中，奥言隱詞，解者紛歧，惟約舉其例，以治羣書，庶疑文冰釋，蓋發古今未有之奇也。近治小學，竊師其例，於俞書所未備者，得義數十條，以補俞書之缺，續貂之譏，詎能免乎！

一　兩字並列係雙聲疊韻之字而後人分析解之之例

王氏懷祖曰：「大疋民勞篇：『無縱詭隨，以謹無良。』『詭』，古讀如『果』；『隨』，古讀若『譎』。毛傳云：『詭隨，詭人之善，隨人之惡者。』按『詭隨』疊韻字，不得分訓。詭隨，卽無良者，蓋謂譎詐欺謾之人也。」　案：王說甚確，「詭隨」卽方言之「鬼譎」，毛傳分訓爲二義，失之。

荀子修身篇云：「倚魁之行，非不難也。」楊倞注云：「倚，奇也；魁，大也。」案：

「倚魁」即「詭隨」之倒文，乃疊韻字之表象者也。楊注分訓，失之。

左氏傳昭公二十九年云：「鬱湮不育。」史記夏本紀集解引賈逵注云：「鬱，滯也；湮，塞也。」案：「鬱湮」，即「鬱伊」之轉音。後漢書崔寔傳云：「志士鬱伊於下。」章懷注云：「不申之貌。」是「鬱伊」即「鬱湮」也。又「鬱伊」之音，轉爲「鬱邑」。楚詞離騷經云：「曾歔欷余鬱邑兮。」王逸注云：「鬱邑，憂也。」均與左傳之「鬱湮」同意。鬱、湮二字爲雙聲，且係表象之詞，以滯塞之義訓之，固亦可通，惟不當分訓某字爲滯，某字爲塞耳。賈說失之。

詩關雎篇云：「窈窕淑女，君子好逑。」毛傳云：「善心曰窈，善容曰窕。」案：窈窕二字，乃疊韻字之表象者也，以善心善容分訓之，未免迂拘。毛傳解詩，類此者甚多，學者不必篤信也。

二　兩字並列均爲表象之詞而後人望文生訓之例

楊雄方言云：「娥㜲，好也。秦曰娥，宋、魏之間謂之㜲，秦、晉之間，凡好而輕者謂之娥；自關而東，河、濟之間謂之媌。」郭注云：「今關西亦呼好爲媌。」又說文云：「媌，目裏好也。」列子周穆王篇云：「簡鄭、衛之處子，娥媌靡曼者。」張湛注云：「娥媌，姣好也。」是娥媌二字，爲形容貌美之詞。詩衛風碩人云：「螓首娥眉。」娥眉螓首，非並列之詞也。「蛾眉」二字，卽係「娥媌」之異文。眉、媌又一聲之轉，所以形容女首之美也。楚詞離騷經云：「衆女嫉予之蛾眉兮。」「蛾」或作「娥」。王逸注訓爲「好貌」，則亦以「娥媌」之義解「蛾眉」矣。又景差大招云：「娥眉曼兮；」楊雄賦云：「虙妃曾不得施其娥眉。」均與離騷經「蛾眉」之義同。至於魏、晉之時，始以眉爲眉目之眉。如晉陸士衡詩云：「美目揚玉澤，蛾眉象翠翰。」以眉對目，而眉、媌通轉之義亡矣。若唐顏師古注漢書，謂「眉形有若蠶蛾，故曰蛾眉」，則並不知蛾眉之通叚，可謂望文生訓者矣。近人多從其義，失之。

大戴禮文王官人篇云：「畸鬼者不仁。」「畸鬼」者，卽荀子之「倚魁」，亦卽詩大雅「詭隨」之倒文也。畸鬼二字，係表象之詞。而盧辯注云：「恃禱祠而不自修，」則以鬼爲鬼神之鬼，可謂望文生訓矣。

荀子富國篇云：「雖爲之逢蒙視。」楊倞注云：「逢蒙，古之善射者，言如善射者之視物徵眇，不過正視也。」郝氏蘭皐曰：「逢蒙疊韻，古或無正字。」王氏懷祖曰：「逢蒙視，微視也，卽淮南之籠蒙，新書之風蝱。」案：王氏之說是也。據楊雄方言，以小雀謂之「篾雀」，荀子勸學篇作「蒙鳩」，大戴禮作「蝬鳩」。是蒙、蝬二字，均有細義。逢蒙二字，亦猶是也。善射之人名逢蒙，或係以察及細微得名；然決不可以善射之逢蒙，解荀子之「逢蒙視」。楊注之說，近於望文生訓，宜郝、王之斥其非也。

三　二義相反而一字之中兼具其義之例

方言云：「苦，快也。」郭注云：「苦而曰快者，猶以臭爲香，以亂爲治，以徂爲存。」此訓義之反覆用之是也。

方言云：「鬱悠，思也。」郭注云：「猶鬱陶也。」孟子云：「鬱陶思君爾。」是「鬱陶」爲憂思之義。「鬱陶」卽「鬱悠」，「悠」轉爲「繇」，又轉爲「邑」。王逸楚詞注云：「鬱邑，憂也。」故爾雅訓「繇」爲「憂」，廣雅亦訓「陶」爲「憂」。是鬱、陶、繇三字，俱有憂字之義。而爾雅又云：「鬱、陶、繇，喜也。」禮記檀弓下云：「人喜則思陶。」鄭注云：「陶，鬱陶也。」樂緯稽耀嘉云：唐類函引「酌酒鬱搖。」注云：「喜悅也。」「鬱搖」卽「鬱繇」，是鬱、陶、繇三字，又俱有喜字之義。蓋憂、喜皆生於思，故鬱、陶、繇三字，均兼有憂、喜二義也。

禮記樂記篇云：「外貌斯須不莊不敬，則易慢之心入之矣。」「易慢」二字，倒文則曰「慢易」。樂記又云：「望其容貌，而民不生慢易也。」「慢易」即「怠忽」，與畏懼相反。而方言云：「謾台，懼也。」「謾台」即「慢怠」，與「慢易」同，而又爲畏懼之意，與「慢易」相反。蓋怠忽謂之「慢易」，畏懼亦謂之「謾台」也。

周書謚法解：「中情見貌曰穆，」是穆有誠信之義。方言：「穆，信也。」穆與睦同。廣雅：「睦，信也。」「穆」與「繆」同。尚書金縢篇「穆卜」，史記魯世家則作「繆」。集解引徐廣曰：「古文穆多作繆。」而蔡邕獨斷曰：「名實相反爲繆。」是誠信謂之「穆」，而不誠亦謂之「穆」也。

爾雅：「介，大也。」方言、說文：「夰，大也。」故大圭謂之玠圭，說文。大丘謂之介邱。左傳服注。是介訓爲大。而易經豫卦：「介于石。」馬本作「扴」。注云：「扴，觸小石聲。」虞注亦云：「介，纖也。」周禮司市：「泣于介次。」鄭注云：「介次，市亭之屬別小者也。」而芥爲小艸，說文。髖骱爲小骨，礣砎爲小石，廣韻。則介字又有小義。是介字兼有大、小二義也。字有異訓，類此者甚多。

左氏傳宣公十二年云：「取其鯨鯢而封之，以爲大戮。」杜注云：「鯨鯢，大魚名。」

疏引廣州記：「鯨鯢長百尺。」而莊子外物篇曰：「守鯢鮒。」釋文引李遠注云：「鯢鮒皆小魚。」是魚之大者謂之鯢，小者亦謂之鯢也。

說文云：「麠，大鹿也。牛尾一角，或作麖。」蓋「京」義多訓爲「大」。故加鹿則爲麖，加魚則爲鯨。而山海經中山經云：「尸山，其獸多麖。」郭注云：「似鹿而小。」漢書地理志云：「地多麈麖。」顏注亦云：「麖，似鹿而小者。」與郭注同。是獸之大者謂之麖，其小者亦謂之麖也。

廣韻：「終，竟也。」故終有末義。如易雜卦：「女之終也，」書君奭：「其終出于不祥」是。然「終」又訓爲「自」，則有「從」「起」之義。漢書南越傳云：「終今以來，」猶云自今以來也。此一字兼含二義之證。

左傳昭元年：「五降之後，不容彈矣。」後漢書李固傳：「而容不盡乎？」「容」即「可」義。又後漢書楊秉傳：「容可近乎？」三國志辛毗傳：「容得已乎？」「容」與「庸」通，又訓爲「豈」。是「可」義爲「容」，「豈可」之義亦爲「容」也。

「一」爲決定之詞。檀弓正義說。而論語「一則以喜，一則以懼，」又爲或詞。

「頗」爲略少之訓。如叔孫通傳：「願頗采古禮。」王莽傳：「略頗稍給」是。而漢書灌夫傳：「所言灌夫頗不讎，」又爲多詞。劉淇說。

「宜」爲應合之詞。如詩大雅「宜民宜人」是也。而孟子「宜若可爲也」，則「宜」爲「計而未定」之詞。蓋「應合」爲「宜」；「計而未定」亦或用「宜」。

「豈」爲屏絕之詞。而漢書丙吉傳：「願將軍詳大議，參以著龜，豈宜褒顯，先使入侍，」則爲「或可」之詞。蓋「不可」爲「豈」；「或可」亦爲「豈」。

「苟」爲誠詞。如論語：「苟志於仁。」朱注曰：「誠也。」又爲粗且之詞。詩：「苟亦無然。」鄭箋云：「且也。」

「誠」爲實詞。如孟子「是誠何心哉」是也。又爲未定之詞。如史記秦本紀「誠得立」是也。

「始」謂之「原」，如原來是。「再」亦謂之「原」，如原蠶、原筮、原廟是。爾雅：「原，再也。」亦其證。

四　使用器物之詞同於器物之名例

書經顧命篇云：「一人冕執劉。」鄭注云：「劉，蓋今鑱斧」是也。又爾雅釋詁云：「劉，殺也。」方言、廣雅均同。左傳成十三年「虔劉」，杜注亦訓爲「殺」。蓋殺人之器謂之「劉」，而殺亦訓「劉」。

說文云：「劍，佩刀也。」而晉潘岳馬汧督誄序云：「漢明帝時，有司馬叔持者，白日于都市，手劍父仇。」蓋殺人之器謂之「劍」，而以劍殺人亦謂之「劍」。是猶刀謂之「刃」，以刃加人亦謂之「刃」也。

說文云：「鏝，鐵杇也，或從木作槾。」爾雅釋宮篇云：「鏝謂之杇。」李巡注云：「鏝，一名釫，塗工作具也。」又呂氏春秋離俗篇云：「不漫于利。」高誘注云：「漫，汙也。」「漫」與「鏝」同，「汚」與「杇」同。蓋塗物之具，或謂之「鏝」，亦謂之「杇」，而所塗之物，亦或稱爲「漫」，或稱爲「汚」也。

方言云：「蘇，芥艸也。」郭璞注云：「漢書曰：『樵蘇而爨。』蘇猶蘆。」案漢書此語見于淮陰侯韓信傳中；惟「而」字作「後」。集解引漢書音義云：「蘇，取艸也。」又莊子天運篇云：「蘇者取而爨之。」李頤注云：「蘇，艸也，取艸者得以炊也。」王逸楚詞章句云：「蘇，取也。」「蘇，或去艸作「穌」。說文云：「穌，把取禾若也。」「穌」即「蘇」字，故均有「取」字之義。蓋艸謂之「蘇」，取艸亦謂之「蘇」。是猶艸謂之「芻」，如芻參之芻是。而取艸亦謂之「芻」；孟子「芻蕘者往焉」是。薪謂之「樵」，而采薪亦謂之「樵」也。又取艸爲「芻」，而取艸之人亦曰「芻蕘」；采薪爲「樵」，而采薪之人亦曰「樵夫」。是又展轉相稱之名詞也。

五　雙聲之字後人誤讀之例

書經虞書益稷篇云：「克諧以孝，烝烝乂，不格姦。」「格」，史記五帝本紀作「至」。此雖古訓，然未得經文本旨。案：「格姦」二字爲雙聲，即「扞格」二字之倒文也。禮記學記云：「則扞格而不勝。」注云：「扞格，堅不可入之貌。」釋文曰：「扞格不入也。」「扞格」二字，倒文則爲「格姦」。扞從干聲，干格亦一聲之轉。不格姦者，猶言不扞格。言舜處家庭之閒，無所障塞，即論語所謂「在家必達」也。若解爲「不至于姦」，則失古語形容之旨矣。

孟子盡心篇云：「山徑之蹊閒介，然用之而成路。」趙注以「介然」爲句。孫奭音義云：「閒，張如字。」案：「閒介」亦雙聲字，「然」字當屬下讀。「閒介」者，即「扞格」之轉音，亦即「格姦」之倒文也。「閒介」二字，形容山徑障塞之形，故下文云：「然用之而成路。」漢馬融長笛賦云：「閒介無蹊。」李善注引孟子此文解之。此蓋漢儒相傳之舊讀，自趙氏不達古訓，妄以「介然」爲句，非也。朱子又以「介然」屬下句，而「閒介」之古訓益泯。惟明于「閒介」之義，與「扞格」同，則「格姦」之義，同于「扞格」，益可知矣。古籍雙聲之字並用，均係表象之詞，後儒不知而誤解之，其失古人之意者多矣。

六　二語相聯字同用別之例

左傳隱元年云：「無使滋蔓！蔓，難圖也；蔓艸猶不可除，況君之寵弟乎？」服注云：「滋，益也。蔓，延也。謂無使其益延長也。」案：說文云：「滋，益也。」「曼，引也。」「蔓，葛屬。」服注之說，略與彼符。蓋引延雙聲，均延長之義也。毛詩：「野有蔓艸。」傳云：「蔓，延也。」惟案以傳文之義，則上「蔓」字爲靜詞，下「蔓」字爲名詞。蓋「曼」、「蔓」古通，「滋蔓」之字，應從說文作「曼」。滋蔓者，卽益長之義也。「蔓難圖也」之「蔓」，則爲艸名，應從說文作「蔓」，卽葛屬也。「難圖」二字，爲形容蔓艸難除之詞，說文云：「圖，畫計難也。從囗從啚。啚，難意也。」是難圖二字，爲互訓之詞，乃形容蔓艸難除之狀也。後人以不易圖解之，其說非是。故下文又言「蔓艸猶不可除」也。古人屬詞，多取字同用別之字，互相聯屬，故上語言「滋蔓」，下文則取「蔓艸」爲喻。此古籍字同用別之例也。

左傳隱元年云：「既而太叔命西鄙北鄙貳于己。公子呂曰：『國不堪貳，君將若之何？』」又云：「太叔又收貳以爲己邑。」漢儒無注。案：說文云：「貳，副益也，從貝，弍聲。弍，古文二。」又云：「二，地之數也，從偶一。」是「貳」之本義訓爲「副益」。惟按傳文觀之，則「貳於己」之「貳」，當作「副益」解；而「國不堪貳」之「貳」，即周語「百姓攜貳」之「貳」，兩義稍殊。副益者，猶言分其地以益己也。說文云：「副，判也。」曲禮：「爲天子削瓜者副之。」鄭注云：「分也。」是副爲分析之義。下文「收貳以爲己邑」，猶言收副益之地爲己有也。若「國不堪貳」之「貳」，則爲分離之義。蓋段以西鄙北鄙之地，分以益己，則一國呈分離之象。「國不堪貳」者，猶言國不堪分也。蓋西鄙北鄙，于段爲增益，于鄭爲離畔。「貳於己」之「貳」，爲形容增益之詞；「國不堪貳」之「貳」，爲形容離畔之詞。是猶「離」有「分」義，「離」訓爲「麗」，又有「附合」之義也。若「收貳」之「貳」，又以「貳」字代西鄙北鄙。足證古籍屬詞，往往數語相聯，雖所用之字相同，而取義各別，不得以上語之詁，移釋下語之詁也。鄭康成注禮記坊記：「示民不貳。」以「自貳」爲「不貳于尊」；又以「自貳」爲「若鄭共叔」。孔氏正義申之，以左傳「國不堪貳」，謂「除君身之外，不當更有副貳之君」，則誤解説文之義。至杜注以「貳」爲兩屬，尤爲望文生訓，均不可從。

七　虛數不可實指之例

汪中述學釋三九篇云：「生人之措辭，凡一二所不能盡者，則約之三以見其多；三之所不能盡者，則約之九以見其極多；此言語之虛數也。實數可指也，虛數不可執也，推之十百千萬，莫不皆然。」自汪氏發明斯説，而古籍膠固罕通之義，均渙然冰釋矣。

古籍記數，多據成數而言。禮記明堂位言：「有虞氏官五十，夏后氏官百，殷二百，周三百。」案：鄭康成注禮記王制、昏義，均以「天子立三公、九卿、二十七大夫、八十一元士」爲夏制，是夏代職官，百有二十；則「夏后氏百」者，舉成數言之也。殷代下士之數，倍于上士，則爲二百有一人，「殷二百」者，亦舉成數言也。周人以下士參上士，即春秋繁露所謂「天子分左右五等三百六十三人」也。則周官三百，亦係約舉之詞。鄭注以爲「舍冬官言，故曰官三百。」非也。又周禮天官小宰，于天、地、春、夏、秋、冬六官，均言「其屬六十」。實則六官之屬，有不足六十者，有浮于六十之數者；則屬官六十，亦係約舉之詞，與論語「詩三百」、「誦詩三百」同例。蓋古代書籍，以便于記誦爲主，故記數之詞，往往舉成數以爲言。若強爲之解，徒見其截趾適履耳。孔子弟子七十二人，孟子言七十子，亦此例也。

古人於數之繁者，則約之以百，如百工、百物、百貨、百穀是也。虞書堯典篇：「平章百姓。」不必得姓者僅百家也。荀子正論篇：「古者天子千官，諸侯百官。」不必泥于千百之數也。百之所不能盡者，則推而上之，至于千、百、億、兆。國語楚語云：「百姓、千品、萬民、億醜、兆民、經入、姟數以奉之。」〔一〕鄭語云：「先王合十數以訓百體，出千品，具萬方，計億事，材兆物，收經入，行姟極。」此皆虛擬之詞，不必實有其數也。伊尹五就湯，五就桀，亦然。

古籍以「三」字爲形容衆多之詞。其數之最繁者，則擬以「三百」之數，以見其多；其數之尤繁者，則擬以三千之數，以見其尤多。左傳僖二十八年：「且乘軒者三百人焉，」不過極言其冗官之衆耳，非必限于三百人也。史記言：「孔子弟子三千，」「古詩三千，」「孟嘗、平原、春申之客三千，」「東方朔用三千奏牘。」褚先生補。亦係形容衆多之詞，非必限於三千之數，亦未必足於三千之數也。舉斯以推，則禮記禮器篇，「經禮三百，曲禮三千；」

〔一〕按士禮居黃氏重雕本「萬民」作「萬官」，「姟數」作「晐數」。

中庸篇，「曲禮三百，威儀三千。」猶言數百、數千耳，不必以三爲限，亦不必定以周禮、儀禮詁之也。又詩曹風：「三百赤芾」，亦係約舉之詞，與左傳「乘軒者三百人」同例。又唐白居易長恨歌云：「後宮佳麗三千人。」三千之數，亦屬約舉，後世用兵，有所謂十萬、百萬者，與此同例。非確數也。

古人于浩繁之數，有不能確指其目者，則所舉之數，或曰三十六，或曰七十二，如三十六天、三十六宮是也。三十六天之例，與九天同；三十六宮之例，與千門萬戶同：不必泥定數以求也。又史記封禪書，載管子對桓公語，謂「古之封禪者七十有二家，夷吾所記者十有二。」夫其詳既不可得聞，則七十二家之數，亦係以虛擬之詞，表其衆多。莊子載孔子語，謂「以六藝干七十二君」。夫孔子所經之國，不過十餘，則七十二君，亦係虛擬之詞。由斯而推，則佛經言八萬四千，言三十六，言七十，言百一，多寡不同，均係表象之詞，不必確求其數也。詩召旻：「日闢國百里，」「日蹙國百里，」亦係形容之詞，不可指實事求之。

古人記數，有出以懸揣之詞者，所舉之數，不必與實相符，亦不致大與實違。如書序、孟子，皆言「武王伐殷，車三百兩」；而逸周書伐殷解，則言「周車三百五十乘。」蓋一爲實數，一爲懸揣之詞。又如孟子言「由周而來，七百有餘歲，」此不足七百之數者也。故趙注上溯太王、王季之開基，以求合孟子之言，近儒江永、焦循强以闢劉歆三統歷之誤，非也。史記言「孔子卒後至于今五百年」，此不足五百之數者也。又史記滑稽傳，言「優孟後二百餘年，秦有旃施，」此不止二百餘年者也。若言「淳于髡後百餘年，楚有優孟」，其語尤誤。又刺客傳，言「專諸刺吳王後七十餘年，晉有豫讓之事。」實六十二年。「豫讓刺趙襄後四十餘年，而軹有聶政之事。」實五十七年。「聶政刺俠累後二百二十年，而秦有荆軻之事。」徐廣曰：「僅百七十年。」所記之數，均與實違。此則古人屬文，多出以想像之詞，不必盡合于實數。由是以推，則凡古史紀年互歧者，均可緣此例以解之矣。又孟子：「君子小人之澤，五世而斬。」亦係懸擬之詞。

古人屬詞記事，恆視其言之旨爲轉移。形容其大，則誣少爲多；形容其小，則省多爲少；不必確如其數。如孟子滕文公篇云：「湯以七十里，文王以百里。」又史記平原君傳云：「毛遂曰，遂聞湯以七十里之地王天下，文王以百里之地臣諸侯。」荀子仲尼篇曰：「文王載百里地而天下一。」韓詩外傳卷四云：「客有說春申君者曰，湯以七十里，文王以百里，皆兼天下，一海內。」顧炎武日知錄曰：「孟子爲此言，以證王之不待大耳。其實文王之國，不止百里。周自王季伐諸戎，疆土日大。文王自岐遷豐，其國已跨三四百里之地；伐崇伐密，自河以西，舉屬之周。至于武王，而西及梁、益，東臨上黨，無非周地。」夫湯、文疆土廣延，踰于孟子所言者數倍。另有考詳之。而孟子言文王之囿，巳云方七十里，則所謂百里、七十里者，不過援古代封國之制，以形容其小，猶後世所謂彈丸赤子耳。史記荀子諸書亦然。言與實違，不可謂之非虛數也。焦循孟子正義不達此例，援文王由方百里起之文，遂謂：「文王初興，其地不過百里，」殆古人所謂刻舟求劍者歟？又晏子春秋內篇雜下云：「炙三弋、五卯當作卵苔菜耳矣，」此不過形容其儉耳。非必弋限以三，卵限于五也。此例既明，而後儒昧於詞例，彊附古制者，可以息其喙矣。

古籍記事，恆記其後先之次，若飾詞附會，律以一定之時期，則拘泥鮮通。如史記言：「舜所居，一年成聚，二年成邑，三年成都。」此不過敍成聚成邑成都之先後耳，不必膠執其年也。又孫眞人千金方，述徐之才養胎法云：「婦人受孕一月，足厥陰脉養，陰陽新合，名始胚。原命論作「始形」。二月足少陽脉養，陰陽居經，名始膏。三月手心主脉養，有定形，名始胞。原病論作「胎」。四月手少陽脉養，始受水精，以成血脈。五月足太陰脈養，始受火精，以成其氣。六月足陽明脈養，始受金精，以成其筋。七月手太陰脉養，始受木精，以成其骨。八月手陽明脉養，始受土精，以成膚革。九月足少陰脉養，始受石精，以成皮毛。而穀氣入胃，石稟五氣之餘，藏府百骸俱實，故謂之石。十月五藏俱備，六府齊通，納天地之氣于丹田。」夫徐氏之說，不過敍血氣、筋骨、膚革、皮毛、藏府生成之次第耳。惟泥以一定之期，又附會陰陽五行之說，則爲支詞。夫世人固有七月生子者，若如徐氏之說，則膚革、皮毛、藏府均未備矣。則徐氏所言，亦虛擬之數，不必拘滯其詞也。

古籍屬詞，多沿故語，所舉之數，或與實違，互相因襲，罔察其誣。如殷代以下之官，不必以百爲限，而論語言：「君薨，百官總己以聽于冢宰三年。」又言：「不見宗廟之美，百官之富。」百官猶言衆官，其不言衆官者，不過沿用古代百官之語耳。又古代舍高原而外，洪水縈環，故稱四方爲四海，而後世遂有四海之稱。實則中土四周，非臨海水。古代邦國狹小，虞、夏之交，計有萬國，而後世遂有萬邦之語。實則夏代以降，國僅數千。此皆沿古代之數以致誤者也。後世百姓、萬民之稱，與此略同。

汪氏之說，亦有言之未盡者。論語憲問篇云：「桓公九合諸侯，不以兵車。」而管子、小匡篇，又戒篇作「三匡」。晏子春秋、問下篇。荀子、王霸篇。韓非子、十過篇及姦劫篇、外儲說。呂氏春秋、審分覽。韓詩外傳、卷六、卷八、卷十。大戴禮、保傅篇。史記、齊世家及蔡澤傳。戰國策、魯連遺燕將書。越絕書、外傳、吳內傳。淮南子、氾論訓。說苑、尊賢篇。新序、雜事篇。論衡、書虛篇及感類篇。中論，智行篇。均以「九合諸侯」與「一匡天下」對言。離騷天問篇。亦言「九會諸侯」。范寧穀梁注，謂「鄭玄以兩鄄、兩幽、檉、貫、首戴、寧母、葵邱爲九合，不取北杏及陽穀。後漢書注，延篤傳。以兩鄄、兩幽、檉、首止、寧母、洮、葵邱爲九合，則又去貫而數洮。」劉炫同。近人盧文弨謂「鄭以柯及兩鄄、兩幽、檉、陽穀、首戴、寧母爲九合，」宋翔鳳駁之。又謂「鄭以柯、兩鄄、兩幽、檉、首戴、寧母、葵邱爲九合。」說各不同。不知九合猶言屢合，不必以九爲限，卽其數而強解之，非也。朱子易「九」爲「糾」，亦非也。又左傳襄公十一年，晉侯謂魏絳曰：「八年之中，九合諸侯。」服虔以會戚、一合。會城棣救陳、二合。會鄬、三合。會邢丘、四合。會戲、五合。會柤、六合。戍虎牢、七合。盟亳爲八合，蓋合會蕭魚爲九。國語晉語，則作「七合諸侯」。孔晁注及韋注均以會戚、會鄬、會邢邱、盟戲、會柤、會亳、會蕭魚爲七合，不數救陳與戍鄭。案：左傳所言盟戚，卽所以成陳；會柤，卽所以戍虎牢，不得析之爲二，當從國語七合爲確。左傳作「九合」者，與論語「九合諸侯」同例，亦虛數也。又左傳宣十二年：鄭伯逆楚子曰：「使改事君，夷于九縣。」杜注云：「楚滅九國以爲縣，願得比之。」孔疏謂：「息、鄧、弦、黄、夔、江、六、蓼、庸、權、申息，凡十一國，不知何以言九？」沈重謂：「權是小國，庸先楚屬，自外爲九也。」案：沈語附會九縣之名，旣難確指，則九縣卽言衆縣，猶後漢書所謂「九縣飆回」也，奚得一一指其名乎？抑又考之：楚詞九歌本十一篇，而以「九數」標目，則數之不止于九者，亦可以九爲數。蓋「九」訓爲「究」，又爲極數，凡數之指其極者，皆得稱之爲九，不必泥于實數也。舉斯而推，則古籍所謂九攻、九守、九變者，亦可以此例求之矣。三數亦然。禮記曲禮篇：「醫不三世，」猶言不數世也。孟子萬章篇：「湯三使往聘之，」猶言數聘之也。後漢書袁紹傳：「結恨三衆。」注云：「三者數之小終，」則三亦爲虛數。此皆汪氏未及言者也，故卽其說推廣之。

八　倒文以成句之例

古人屬詞，往往寘實詞于語端，列語詞于語末。如書禹貢「祗台德先」是。餘杭章氏已言之。是爲倒文之例。周代之文亦然。如詩崧高篇云，「謝于誠歸，」謝爲申伯之邑，卽上文所謂「邑於謝」也。則「謝于誠歸」，猶言「誠歸于謝」，不過倒詞以叶韻也。王氏經傳釋詞略同。又十月之交曰：「以居徂向。」鄭箋云：「擇民之富有車馬者，以往居于向。」則「以居徂向」，猶言「以徂居向」，此非叶韻而亦倒文者也。王氏經傳釋詞云：「居，語助。言擇有車馬以徂向也。」非是。又左傳僖九年云：「入而能民，土于何有？」「土于何有」者，猶言何有于土也？王氏經傳釋詞略同。昭十三年云：「我之不共，魯故是以。」「以」訓爲「因」，劉氏助字辨略。猶言因魯之故也。此皆古籍倒文之例，先實詞而後語詞，與今日本之文法略同。

書酒誥曰，「人無于水監，當于民監，」猶言無監于水，當監于民。

左傳僖二十三年云：「其人能靖者與有幾？」顧炎武補注引邵氏曰：「此倒語也。若曰：『其有幾能靖者與？』」予案：此當云「其能靖者幾人與？」

禮記中庸，「聲色於化民末也，」猶言聲色化民也。

漢書終軍傳，「此言與實反者非，」猶言此非言與實反也；與周亞夫傳「此非不足君所乎」同例。

孟子，「晉國，天下莫彊焉，」當作「天下莫彊于晉國」；與漢高紀「王者莫高于周文」一例。

史記越世家，「獨以德爲可以除之；」猶言獨爲德可以除之也。

詩小雅：「無不爾或承。」此言無或不爾承也。

漢書鄭吉傳顏師古注曰：「中西域者，言最處諸國之中。」猶言處諸國之最中也。

漢書路溫舒傳：「媮爲一切。」如淳以一切爲權時，不知此係「一切皆媮」之倒文，與諸侯王表序「一切取勝」同例。

左傳襄三十年：「無不祥大焉。」「無」義爲「莫」，猶言不祥莫大焉。

莊子大宗師篇：「浸假而化予之右臂以爲彈，浸假而化予之尻以爲輪。」「浸假而化」者，郭象「浸」訓爲「漸」，蓋猶言假如漸化也，此爲倒文。

九　舉偏以該全之例

周禮考工記匠人職云：「內有九室，九嬪居之；外有九室，九卿朝焉。九分其國，以爲九分，九卿治之。」鄭注云：「六卿三孤爲九卿。」其說本于班固，漢書百官公卿表。而三少又見于大戴，保傅篇。蓋「九卿」兼該「孤、卿」而言，言「九卿」則「孤」該其中。王氏經義述聞，以孤爲六卿之首，乃三人而非一人。並謂「三孤非周制，自王莽誤以孤爲三公之佐，班氏作表，始以三孤與六卿爲九，乃沿新莽之誤。」其說非是。是猶侯爲封爵之一，言諸侯則公、伯、子、男均該于其中；夷爲東方之人，言四夷則羌、狄、蠻、貉均該于其中也。以此之故，故專名屢易爲公名。

春秋經屢言「某國殺其大夫」。大夫者，均卿官也。蓋「大夫」可以該「卿」，而「卿」不可該「大夫」也。書禹貢言「二百里蠻」，周禮夏官司馬言「蠻服」「夷服」。蠻夷之名，該四境以爲言，非僅限于南蠻、東夷也，亦專名易爲公名之例。又古代「禽」該「鳥獸」言，如易

「失前禽」，孟子「終日不獲一禽」是也。蓋禽可該獸，獸不可該禽。

古代書名，于書中所含之意，亦往往舉偏以該全。如儀禮十七篇，非盡士禮也。因篇首冠、昏諸篇，均以士禮標名，而漢儒遂有士禮之目。又春秋爲編年之史，四時具，然後爲年；而古史均名春秋，則舉二時以該四時也。明于此例，則乘爲兵車，晉乘所言，不必皆兵車之事；管子乘馬篇亦然，雅爲夏聲，爾雅所載，不必無方土之言。若泥書名而求之，則其意狹矣。

十　同義之字並用而義分深淺之例

公羊隱元年：「公及邾婁儀父盟于眛。」傳：「及者何？與也。會及暨，皆與也。曷爲或言會？或言及？或言暨？會，猶最也。及，猶汲汲也。暨，猶暨暨也。及，我欲之。暨，不得已也。」爾雅：「暨，不及也。」郭注云：「公羊傳曰：『暨，不得已。』不得已，是不得及。」

公羊宣八年：「日中而克葬。」傳云：「而者何？難也。乃者何？難也。曷爲或言而？或言乃？乃難乎而也。」

公羊僖二十八年：「晉人執衛侯，歸之于京師。」傳云：「歸之于者，罪已定矣。歸于者，罪未定也。」

論語公冶長篇：「吾與女，弗如也。」正義云：「弗者，不之深也。」

劉淇助字辨略曰：「矧、況義同，其詞緩急有別。如詩『矧可射思』，其詞急；孟子『況於爲之強戰』，其詞緩也。」

劉淇又曰：「畢，盡也，皆也。言皆，則盡不盡未可知；言盡，則皆不皆未可知；兼二義，謂之畢。」

十一　同字同詞異用之例

劉氏助字辨略曰：「論語：『有是哉！子之迂也。』有是哉，不足之詞。後漢書列女傳：霸起而笑曰：『有是哉！』此深然之詞，與上義別。」

劉氏又曰：「詩國風，『嘒彼小星，』『彼茁者葭。』此『彼』字，猶言『那個』也。孟子：『管仲得君如彼其專。』此『彼』字，猶云『那樣』也。義微有別。」

劉氏又曰：「左傳：『屬當戎行。』晉語：『屬見不穀而下。』『屬』均訓『適』，爲正當之詞。漢書張良傳：『天下屬安定。』霍光傳：『屬耳。』顏訓爲『近』。此亦適辭。但上『屬』字是『正適』之義，此『屬』字係『適纔』之義，故云近也。」

劉氏又曰：「孟子：『然後敢入。』『予然後浩然有歸志。』『然後』，乃也，繼事之詞。漢書萬石君傳：『然後諸子相責。』此『然後』亦是乃詞。然上云因其如此，方敢入，方有歸志，其詞緩；此云見其如此，遂相責謝罪，其詞急。『乃』字原有兩訓，故『然後』亦兼二義也。」

漢書刑法志引孫卿語曰：「世俗之爲說者，以爲治古者無肉刑，有象刑墨黥之屬，菲屨赭衣而不純，是不然矣。以爲治古　則人莫觸罪耶？豈獨無肉刑哉？亦不待象刑矣。以爲人或觸罪矣，而直輕其刑，是殺人者不死，而傷人者不刑也。」劉氏助字辨略曰：「前『以爲』，謂詞也；後兩『以爲』，將謂之詞也。」

易經繫辭：「是故夫象，聖人有以見天下之賾，而擬諸其形容，象其物宜，是故謂之象。」劉氏曰：「下『是故』，是緣上事之詞；上『是故』，則發語之詞也。」

古書疑義舉例續補

古書疑義舉例續補目錄

卷一

卷二

古書疑義舉例續補

長沙　楊樹達

卷一

一　以製物之質表物例

古人有以製物之質表物者。孟子滕文公上篇云：「許子以釜甑爨，以鐵耕乎？」趙注云：「以鐵爲犁，用之耕否耶？」是鐵謂犁也。不言犁而言鐵者，以犁爲鐵製也。又，離婁下篇云：「抽矢扣輪，去其金，發乘矢而後反。」趙注云：「叩輪去鏃，」是金謂鏃也。乃不言鏃而但言金，以鏃乃金所製也。又，公孫丑下篇：「木若以美然。」左傳僖二十三年云：「我二十五年矣，又如是而嫁，則就木焉。」二「木」字皆謂棺槨，乃不言棺槨而但曰木者，亦以棺槨爲木所製耳。莊子列禦寇篇云：「爲外刑者，金與木也。」郭注云：「木謂桎梏，」亦同此例。

中庸云：「衽金革，死而不厭。」金，謂兵；革，謂甲也。不言兵甲而言金革者，以兵

之質爲金，甲之質爲革耳。此皆以物質表物之例也

物質名可以表物，故凡同質之物，皆可以其質之名表之。此物質名所以有種種不同之訓義也。孟子去其金之金爲鏃，中庸衽金革之金爲兵，前既言之矣。呂氏春秋求人篇云：「故功績銘乎金石。」高注云：「金，鐘鼎也。」荀子禮論篇云：「金革轡靷而不入。」楊倞注云：「金，謂和鸞。」莊子列禦寇篇云：「爲外刑者，金與木也。」郭注云：「金謂刀鋸斧鉞。」又後漢書馮衍傳云：「懷金垂紫。」李注云：「金，謂印也。」同一金字，而義各不同如此者，以諸物本皆是金製耳。禮記禮器篇云：「匏竹在下。」注：「匏，笙也。」釋名釋樂器云：「笙以匏爲之，故曰匏也。」此則明爲以質表物之例發其凡矣。

二一　人姓名之閒加助字例

王氏經傳釋詞卷九云：「禮記射義『公罔之裘』。鄭注曰：『之，發聲也。』僖二十四年左傳：『介之推。』杜注曰：『之，語助。』凡春秋人名中有『之』字者，皆倣此。」按：莊八年左傳，有石之紛如。又二十八年有耿之不比。論語雍也篇有孟之反。孟子離婁篇有庾公之斯、尹公之他。皆姓名中加「之」字者也。例證甚多，不必盡舉。

古人姓名之閒，又有加「施」字者。孟子公孫丑上篇云：「孟施舍之所養勇也。」趙注云：「孟，姓；舍，名；施，發音也。施舍自言其名，則但曰舍」是也。又有加「設」字者。左傳昭二十年：「乃見鱄設諸焉。」鱄設諸，史記伍子胥傳只作專諸，故杜注亦但云：「鱄諸，勇士。」是亦以「設」爲助字也。按：施、設，雙聲字，「之」與「施」、「設」，同屬舌葉音，故或加「之」，或加「施」，或加「設」矣。

三　二字之名省稱一字例

顧氏日知錄卷二十三云：「晉侯重耳之名見於經，而定四年，祝佗述踐土之盟，其載書止曰『晉重』，豈古人二名，可但稱其一歟？昭元年：『莒展與出奔吳。』傳曰：『莒展之不立。』晉語曹僖負羈稱叔振鐸爲『先君叔振』：亦二名而稱其一也。昭二十一年：『蔡侯朱出奔楚。』穀梁傳作『蔡侯東出奔楚』。乃爲之說曰：『東者，東國也，何爲謂之東也？王父誘而殺焉，父執而用焉，奔而又奔之曰東，惡之而貶之也。』然則以削其一名爲貶也。」又自注云：「定六年，『季孫斯、仲孫忌帥師圍鄆。』杜氏注：『何忌不言何，闕文。』」樹達按：左傳「杞平公郁釐」。穀梁傳同。譙周古史考作「鬱來」，公羊傳作「鬱釐」，史記陳杞世家則只作「鬱」。鬱、郁同音字。蓋古人記述二名，本有省稱一字之例。穀梁傳削名爲貶之說，不足據依。不然，春秋諸侯被貶者多矣，未嘗有削名之例也，何獨於蔡侯東國而獨嚴乎？

曹叔振鐸，晉語只稱叔振。而史記管蔡世家贊云：「如公孫彊不修厥政，叔鐸之祀忽諸。」又只稱叔鐸，然則二名之中，任舉一字，不必皆舉二字中之首一字也。顧氏引仲孫忌例爲何忌之省，亦省第一字舉第二字之例，不如杜氏闕文之說也。

史記中此例甚多，今約舉之。魯隱公名，十二諸侯年表作「息姑」。而魯世家云：「惠公卒，長庶子息攝當國，是爲隱公，」只稱「息」。閔公本名「啓方」，十二諸侯年表及世家，皆只云「名開」。漢人避景帝諱，故改啓曰開。梁氏玉繩校史記乃云，「息姑脫姑字，開當作開方，」此梁氏未知古人有省名之例耳。又宋世家云：「昭公弟鮑革，賢而下士。」下文但稱公子鮑，與左傳同。又陳杞世家之稱夏徵舒，或稱徵舒，或單稱舒：皆此例也。

又景帝紀：「以御史大夫開封侯陶青爲丞相。」陶青，漢書景帝紀及荀悅漢紀皆作陶青翟。又史記劉郢，漢紀作劉郢客。漢書儒林傳亦但作郢，師古曰：郢，即郢客也。皆他書不省，而史記省去之例。顏師古注漢書景帝紀，謂「後人傳習不曉，妄增翟字。」不知此處乃史公省而班增之，顔氏之言，爲不達古書之義例矣。史記汲黯傳，「宗正劉棄」，漢書傳作棄疾，亦史公省而班增之。又史記韓安國傳，「壽翁壹」，漢書作「壽壹」。五宗世家，「臨江哀王閼于」，漢書景十三王傳止作「閼」。此又史記不省而班氏省之之例也。

四　施受同辭例

古人美惡不嫌同辭，俞氏書已言之矣。乃同一事也，一爲主事，一爲受事，且又同時連用，此宜有別白矣。而古人亦不加區別，讀者往往以此迷惑，則亦讀古書者所不可不知也。公羊莊二十八年傳云：「春秋伐者爲客，伐者爲主。」何注云：「伐人者爲客，長言之；伐者爲主，短言之。」然則伐者爲客之「伐」，指伐人者，主事之詞也；伐者爲主之「伐」，指見伐者，受事之詞也：而公羊傳文只皆曰「伐」。史記范睢蔡澤列傳云：「人固不易知，知人亦未易也。」人固不易知者，謂賢者不易見知於人，此「知」字受事之辭也；知人固不易也之「知」，則主事之辭。而史記只皆曰「知」，初學者便疑其語意複沓矣。墨子耕柱篇云：「大國之攻小國，攻者農夫不得耕，婦人不得織，以守爲事；攻人者亦農夫不得耕，婦人不得織，以攻爲事。」以攻者爲受事之詞，攻人者爲主事之詞，與史記同。雖墨子精於名理，亦不肯於攻者之上，加一見字，稱見攻者，以示嚴密也。

老子第六十一章云：「大國以下小國，則取小國；小國以下大國，則取大國；故或下以取，或下而取。」俞氏云：「『或下以取，或下而取』兩句，文義無別，殊爲可疑。當作『故或下以取小國，或下而取大國』，此因下文致誤。」俞書卷六。今按：取小國與或下以取之「取」，主事之辭也；取大國與或下而取之「取」，受事之辭也。取大國者，見取於大國也；或下而取者，或下而見取也。老子下文云：「大國不過欲兼畜人，小國不過欲入事人，夫兩者各得其所欲，大者宜爲下。」文義甚明，非謂小國下於大國，則能取得大國也。俞氏不知則取大國與或下而取二「取」字，爲見取之義，遂疑兩句文義無別，而謂有誤脫。果如俞氏之說，則或下以取或下而取二語爲複沓，且與下文矛盾矣。以俞氏之善讀古書，而不免疑其所不當疑，然則古書信難讀耶！

禮記儒行篇云：「儒有不隕穫於貧賤，不充詘於富貴，不慁君王，不累長上，不閔有司，故曰儒。」按：不慁君王三句，謂不見慁於君王，不見累於長上，不見閔於有司耳。慁、累、閔三字，皆受事之詞，與上文隕穫、充詘一律；若以爲主事之詞，則於文義不合矣。此亦施、受同辭，而初學易生誤解者。此類例甚多，不能盡舉，舉一反三，是在善讀書者而已。

漢書趙充國傳云：「先零首爲叛逆它種刼略。」顏注云：「言被刼略而反叛。」此在初學亦易生誤會。

今表受事之義之詞，曰「被」，曰「受」。「被」本字作「貱」，本爲加于人之詞。說文云：「貱，詞之予也。」漢書文帝紀：「卽被南海尉佗書，」謂與書於佗也。然則被本主事之義，而今變爲受事之義矣。受義之反爲「授」，字從受聲，則二字古本同音，與今相同。據此知初民語言，受、授本無區別，加手作「授」，乃造字者恐其溷惑而爲之別白耳。然則施、受同辭，蓋猶初民之遺習歟？

與受、授同例者，有買、賣二字。說文六下出部：「賣，出物貨也。從出從買。」韻會作從買聲是也；今本說文誤耳。今二字聲讀亦相同。徐音說文：「買，莫蟹切。」「賣，莫邂切。」四聲上去不同，古人固無此差別也。此可知古人語言，買、賣二字本無差別。又據說文市穀爲糴，出穀爲糶。然二字皆從糬聲。今本說文五篇下「糴」字下，不言「糬，亦聲」，苗夔說文聲訂卷十訂「當從糬亦聲」是也。則古讀亦當相同。授受，買賣，糴糶，本各兩事也，古人語言且混合不分，則無怪同一事之主、受兩面混淆不分矣。

五　一人之語未竟而他人插語例

古人對談之頃，往往有意欲宣，情勢急迫，不能自制。此在言者爲不得已；而古人敍述其事者，亦據其急迫之狀而述之，此古人文字所以爲質而信也。左傳襄四年載魏絳諫伐戎之詞云：「戎，禽獸也。獲戎失華，毋乃不可乎？夏訓有之曰：『有窮后羿』——公曰：『后羿何如？』對曰：『昔有夏之方衰也，后羿自鉏遷於窮石，因夏民以代夏政。』」魏絳述夏訓之詞，只及「有窮后羿」四字，而悼公急欲知后羿之事，不待絳詞之畢，而卽問之；而記述者亦逕據實記述之，而當時晉悼公急迫之狀如繪矣。若在後人文字，則魏絳發而未畢之詞及悼公之問，必加删節矣。又，襄二十五年傳云：「丁丑，崔杼立而相之，慶封爲左相，盟國人於太宫曰：『所不與崔、慶者』——晏子仰天嘆曰：『嬰所不唯忠於君、利社稷者是與，有如上帝！』乃歃。」此亦崔、慶之語未畢，而晏子插言。故杜注云：「盟書云：『所不與崔、慶者有如上帝。』——讀書未終，晏子抄答易其辭，因自歃，」是也。蓋此時與公與私，晏子大節所在，不容猶豫，故不及待崔、慶詞之畢而急遽言之；記述者據情寫出，而晏子犯難忠國之情躍然如見矣。

國策楚策：「蘇秦之楚，三日乃得見乎王。談卒，辭而行。楚王曰：『寡人聞先生若聞古人，今先生乃不遠千里而臨寡人，曾不肯留，願聞其說！』對曰：『楚國之食貴於玉，薪貴於桂，謁者難得見如鬼，王難得見如天帝；今令臣食玉炊桂，因鬼見帝』——王曰：『先生就舍，寡人聞命矣！』」此文「因鬼見帝」之下，似尚當有結束之詞，乃楚王聞言慚愧，不待蘇秦之詞畢，而卽出言以止之。若在後人，必爲足成數語，而當時楚王慚赧之情不可得而見矣。

史記項羽本紀記鴻門之宴一段云：「沛公至鴻門，謝曰：『今者有小人之言，令將軍與臣有郤』——項王曰：『此沛公左司馬曹無傷言之，不然，籍何以至此？』」按：高祖此來，本爲陳謝而來，「今者云云」兩言以下，似尚當有辨解之語，而無之者；蓋以項王聞言，亦自欲疏解，故高祖不得盡其辭耳。

荀子堯問篇云：「魏武侯謀事而當，羣臣莫能逮，退朝而有喜色。吳起進曰：『亦嘗有以楚莊王之語聞於左右者乎？楚莊王謀事而當，羣臣莫逮，退朝而有憂色。楚莊王以憂，而君以喜』——武侯逡巡再拜曰：『天使夫子振寡人之過也。』」「楚莊王以憂，而君以喜，」吳起之詞，本尚未終，武侯聞言慚赧，故不及待起詞之畢而遽有言，此正與前述國策楚王對蘇秦同一事例。吳子圖國篇記述此事云：「此楚莊王之所憂而君悦之，臣竊懼矣。」補足一語，當時武侯慚愧不自安之狀便無由想見，斯於文爲拙矣。

三國志吳志魯肅傳云：「肅因責數羽曰：『國家區區，本以土地借卿家者，卿家軍敗遠來，無以爲資故也。今已得益州，既無奉還之意；但求三郡，又不從命』——語未究竟，坐有一人曰：『夫土地者，惟德所在耳！何常之有？』」韓文公進學解云：「言未既，有笑於列者曰」，本此。按：此文敍「語未究竟」一語，則已變古人此種記言之法矣。

六　據古人當時語氣直述例

古人文字質直，雖陳辭未盡，而亦肖古人當時對答之情狀而直述之，前條既言之矣。乃若古人言語之際：或以一時之情感，或以其人之特質，而語言蹇澀，訥訥然不能出諸口者，古人亦據其狀而直書之，此又可見古人文字務欲逼眞之心矣。史記張蒼傳：「昌爲人吃，又盛怒，曰：『臣口不能言，然臣期期知其不可；陛下欲廢太子，臣期期不奉詔。』」昌以口吃，每語重言「期期」，史公亦據其當時發言之情狀而直書之。然此文已敍明昌爲人口吃於前，則重言「期期」，讀者一見自明，不至誤解。又，高祖本紀：「五年，諸侯將相共請尊漢王爲皇帝，漢王三讓，不得已，曰：『諸君必以爲便便國家』——甲午，乃卽皇帝位氾水之陽。」上文重言「便便」，「便國家」之下，亦本當有表示允諸之辭，而高祖蹇澀未言，史公卽亦據情述之，而高祖急於稱帝之心及其故爲推讓之狀，躍然如在目前矣。此爲余友錢玄同先生之說。此蓋太史公效法春秋，所謂「微而顯」者所在歟？班氏作漢書，乃改曰：「諸侯幸以爲便於天下之民則可矣，」取高祖未竟之語而補足之，當時高祖之態度，不可得而見矣。

尚書顧命篇云：「奠麗陳敎，則肄肄不違。」江氏聲云：「肄肄重言之者，病甚氣喘而語吃也。」據此，則史公所述固古史記言之遺法也。

七　稱引傳記以忌諱而删改例

漢書貢禹傳云：「主上時臨朝入廟，衆人不能別異，甚非其宜，然非自知奢僭也，猶魯昭公曰，『吾何僭矣？今大夫僭諸侯，諸侯僭天子，天子過天道，其日久矣！』承衰救亂，矯復古化，在於陛下！」樹達按：禹引魯昭公語，見昭二十五年公羊傳；大夫僭諸侯云云，亦本傳文子家駒語。今本公羊傳云，「子家駒曰：『諸侯僭於天子，大夫僭於諸侯，久矣！』」無「天子過天道」之文。然鄭注周禮考工記引子家駒曰：「天子僭天，」賈疏引公羊傳文爲證，是唐時公羊傳本有「天子僭天」之語，孫志祖讀書脞錄卷二以爲今本脱去是也。公羊傳文作「天子僭天」，禹語全本傳文，其他二句皆承用原文，而於此語則改爲「天子過天道」者，以己對天子陳言有所忌諱耳。或疑公羊傳非脱文，亦是唐以後人以忌諱删去者，說亦近理。鄉先輩皮先生錫瑞春秋通論，以有此句者爲嚴氏春秋異文，則非是，蓋先生偶失考覈耳。

鹽鐵論本議篇述文學語云：「傳曰，『諸侯好利則大夫鄙，大夫鄙則士貪，士貪則庶人盗。』」樹達按：文學引傳文乃春秋公羊家成說。說苑貴德篇云：「周天子使家父求金於諸侯，諸侯譏之。故天子好利則諸侯貪，諸侯貪則大夫鄙，大夫鄙則庶人盗。」桓十五年公羊傳何注云：「王者不當求，求則諸侯貪，大夫鄙，士庶盗竊，」與文學引傳語略同。然說苑舉「天子」，何注亦云「王者不當求」，知文學所引傳文，亦必有「天子好利」等語；且文學所議之鹽鐵，正是天子好利之事，而文學但舉諸侯以下不及天子者，以恐觸昭帝之忌諱，故削去不言耳。

漢書司馬遷傳云：「太史公曰：『余聞之董生：周道廢，孔子爲魯司寇，諸侯害之，大夫壅之。孔子知時之不用，道之不行也；是非二百四十二年之中以爲天下儀表，貶諸侯，討大夫，以達王事而已矣。』」樹達按：太史公自序作「貶天子，退諸侯，討大夫」；班用史公原文作傳，乃節去「天子退」三字。班去史公不過二百年，史公原文之所有者，班不能不節去。時代愈近，則忌諱愈深，亦可以知矣。

論語八佾篇云：「子曰：『夏禮，吾能言之，杞不足徵也；殷禮，吾能言之，宋不足徵也。』」禮記中庸篇云：「子曰：『吾說夏禮，杞不足徵也；吾學殷禮，有宋存焉。』」閻若璩四書釋地云：「論語：杞、宋並不足徵，中庸易其文曰：『有宋存。』孔子世家言『伯魚生伋，字子思，嘗困於宋。子思作中庸。』中庸既作於宋，易其文，殆爲宋諱乎！」樹達按：閻氏此說至確。然則避忌變文，乃孔門之家法，又在周已然，不僅漢人爾矣。

閻氏此說，俞氏書卷三已引之，但俞氏屬之「古書傳述亦有異同例」中，今以爲避諱變文之例，故仍引焉。

八　避重複而變文例

書堯典云：「日中星鳥，以殷仲春。」僞孔傳云：「鳥，南方朱鳥七宿也。」孔疏云：「四方皆有七宿，各成一形，東方成龍形，西方成虎形，南方成鳥形，北方成龜形。此經舉宿，爲文不類，春言星鳥，總舉七宿；夏言星火，獨指房心；虛昴惟舉一宿，文不同者，互相通也。」近人崔適云：「此言小誤。若是，則總舉七宿四時皆可，何獨於春？自有惟宜於春之故。蓋火爲十二次之一，若春亦舉其一次，乃爲鶉火，與三方之一名者不同；虛昴皆七星之中，若春亦舉中星，當曰『日中星星』，二字同文，又與三時星名不類，故曰『星鳥』，此見古人修辭之誠。」史記探源卷二。樹達按：崔氏之言極精確。鄭注云：「星鳥鶉火之方。」又注下文星火云：「星火，大火之屬。」又注下文星虛、星昴云：「虛，玄武中虛宿也；昴，白虎中宿也。」以鄭注文例推之，星火與星鳥同舉次名，與虛昴言中宿者異，則星火自非謂蒼龍中宿之心星，故月令疏引鄭答孫顥云：「星火非謂心星，」其明證也。僞孔傳云：火蒼龍之中星，故孔氏正義謂夏言星火，獨指房心也。崔氏云，「火爲十二次之一，」正與鄭義相合。按大火之次，既可省稱星火，鶉火則亦可省稱；然若省火稱鶉，乃與鶉首、鶉尾相混；省鶉稱火，又與大火之星火複重。然則尚書星鳥之文，不惟以避二字之複疊，不稱星星；又以避仲夏星火之文，不稱星火。眞可見古人屬文時慘淡經營之功矣。

太史公報任少卿書云：「蓋西伯拘而演周易；仲尼厄而作春秋；屈原放逐，乃賦離騷；左丘失明，厥有國語。」鄉先輩王先生理安云：「左丘明作春秋內外傳，茲舉國語，避上春秋字。」

史記蔡澤傳云：「如是而不退，則商君、白公、吳起、大夫種是也。」按上文言白起，此變言白公者，李笠史記訂補卷一云，「以下文有吳起，避起字複耳。」又，樊噲傳云：「下鄖、槐里、柳中、咸陽，灌廢丘最。」索隱云：「廢丘，卽槐里，上文總言所攻陷之邑，別言以水灌廢丘，其功特最也。初言槐里，稱其新名；後言功最，是重舉，不欲再見其文，故因舊稱廢丘也。」

漢書昭帝紀云：「夏旱大雩，不得舉火。」王先謙云：「五行志云『大旱』：此無『大』字，避下複文。」黥布傳云：「前年殺彭越，往年殺韓信。」張晏曰：「往年與前年，同耳，文相避也。」又翟方進傳云：「兄宣，靜言令色，外巧內嫉。」王念孫讀書雜志，謂「靜言」卽「巧言」是也。樹達按：此用論語「巧言令色」之文，變「巧」言「靜」者，以避下文「巧」字故耳。

魏志陳思王植傳云：「臣聞明主使臣，不廢有罪，故奔北敗軍之將用，秦、魯以成其功；絕纓盜馬之臣赦，楚、趙以濟其難。」裴松之注云：「秦穆公有赦盜馬事，趙則未聞，蓋以秦亦趙姓，故互文以避上秦字也。」

藝文類聚引曹植賢明頌云：「於鑠姜后，光配周宣，非義不動，非禮不言。」樹達按：列女傳賢明篇周宣姜后傳云：「事非禮不言，行非禮不動。」頌云：「由禮動作，匹配周宣。」

「匡」字當依曹頌作「光」，此後人誤以「光」爲宋人諱匡之代字而回改致訛者。此植頌所本。然傳云「非禮不言，非禮不動，」而植頌則云「非義不動，非禮不言」者，蓋傳文質樸，不避重言；植作頌贊，欲求文美，故改一禮字作義，以避複耳。

九　以後稱前例

漢書司馬遷傳云：「惠、襄之閒，司馬氏適晉，晉中軍隨會奔魏。」齊召南曰：「隨會奔秦時，未爲中軍將也，史文以後官冠其名。」

淮南子云：「夏桀、殷紂之盛也，人跡所至，舟車所通，莫不爲郡縣。」此以秦、漢之制，追述夏、殷之事也。畢沅不知此，乃以取證山海經，謂夏時即有郡縣之制，可謂誣矣。

史記呂后本紀云：「齊內史士說王曰，『太后獨有孝惠與魯元公主。』」崔適云：「孝惠、魯元，皆謚也。此追稱。若當時語，止當曰：『太后獨有帝與公主爾。』」史記探源卷三。又，張耳陳餘列傳記趙相貫高、趙午等說張敖語云：「今王事高祖甚恭，而高祖無禮，請爲王殺之。」時高祖尚在，而文稱高祖，亦史公之追稱也。孟堅撰漢書，改「高祖」爲「皇帝」，則適合貫高等當時之語氣矣。

隱四年公羊傳云：「公子翬謂桓公曰：『吾爲子口隱矣。』」時隱公固在也。史記田齊世家載齊人歌云：「嫗乎采芑，歸乎田成子。」時田成子亦在也。而皆以謚稱，亦追稱也。漢書高祖紀云：「漢王怨羽之背約，欲攻之，丞相蕭何諫，乃止。」服虔云：「稱丞相者，錄事追言之。」

又，景帝紀中二年云：「令諸侯王薨，列侯初封及之國，大鴻臚奏謚誄策；列侯薨及諸侯太傅初除之官，大行奏謚誄策。」顏注云：「據此，則景帝已改典客爲大鴻臚，改行人爲大行矣。而百官公卿表乃云：『景帝中六年，更名典客爲大行令。武帝太初元年，更名大行令爲大鴻臚，行人爲大行令。』當是表誤。」劉攽云：「此卽武帝時官記景帝世事，班氏采自他書，失於改革耳。」按：劉說是也。

又，匈奴傳云：「臣知父呼韓邪單于蒙無量之恩。」樹達按：單于本名囊知牙斯，後以王莽奏令中國不得有二名，因使使風單于，故囊知牙斯改名爲知，事在此事之後；而此文卽稱臣知者，顧炎武以爲「作史者從其後更名錄之」，是也。

又，閩粤傳云：「漢五年，復立無諸爲閩粤王，王閩中故地，都冶。」何焯曰：「案朱育傳，漢滅東粤以爲冶，冶之爲縣在國滅之後；又其民盡徙，故領於會稽之東部都尉史，因後日之名書之。」

十　韻文不避複韻例

古人韻文不避複韻。如詩終風云：「終風且霾，惠然肯來，莫往莫來，悠悠我思。」以霾、來、來、思爲韻，「來」字二見。簡兮云：「山有榛，隰有苓，云誰之思，西方美人。彼美人兮，西方之人兮。」以榛、苓、人、人、人爲韻，「人」字三見。淮南子時則訓云：「規之爲度也，轉而不復，員而不垸；優而不縱，廣大以寬。感動有理，發通有紀；優優簡簡，百怨不起；規度不失，生氣乃理。」上四句以垸、寬爲韻，下六句以理、紀、起、理爲韻，「理」字再見。或疑下「理」字，乃唐人諱「治」改爲「理」字。然此上文論準云：「準平而不失，萬物皆平；民無險謀，怨惡不生；是故上帝以爲物平。」凡五句，以平、生、平爲韻，「平」字亦再見。「治」字雖亦合韻，然此「理」字非必由「治」字改也，蓋古人自有複韻耳。

漢書賈誼傳載誼服鳥賦云：「其生兮若浮，其死兮若休，澹乎若深淵之靚，氾乎若不繫之舟，不以生故，自保養空而浮。」以浮、休、舟、浮爲韻，「浮」字再見。史記下「浮」

字作「游」，然顏注引服虔曰：「道家養空虛，若浮舟也。」是服所見本，本作「浮」字矣。又武五子傳云：「華容夫人起舞曰：『髮紛紛兮寘渠，骨籍籍兮亡居，母求死子兮妻求死夫，裴回兩渠閒兮君子獨安居。』」以渠、居、夫、居爲韻，「居」字再見。又，外戚傳載班倢伃賦云：「悲晨婦之作戒兮，哀褒閻之爲郵。」下文又云：「猶被覆載之厚德兮，不廢捐於罪郵。」「郵」字再見。此皆取則葩經，不避複韻。若以後人作詞賦之法繩之，則僨矣。日知錄卷二十一論詩卷中有古人不忌重韻條，可參閱。

十一　一事互存二說以徵實例

俞氏書卷一云：「古人之文，有參互以見義者。禮記文王世子篇：『諸父守貴宮貴室，諸子諸孫守下宮下室。』又云：『諸父諸兄守貴室，子弟守下室，而讓道達矣。』鄭注曰：『上言父子孫，此言兄弟，互相備也。』又，雜記上篇：『有三年之練冠，則以大功之麻易之。』鄭注曰：『言練冠易麻，互言之也。』疏曰：『麻謂絰帶，大功言絰帶，明三年練亦有絰帶；三年練云冠，明大功亦有冠；是大功冠與絰帶易三年冠及絰帶，故云互言之。』」

樹達按：俞氏舉此爲參互見義之例，是也。然文王世子之文，同在一篇，其爲互備，義甚顯明；雜記篇之例及其他所舉諸例，皆以此文所舉，備彼文所不言，（按俞氏此條頗與其書卷二舉此以見彼例混淆。）固絕無矛盾於其閒也。乃若舉一名而前後互異，說一事而彼此差違，又不同在一簡，令讀者往往疑其自相矛盾而實非矛盾，則亦讀古書者所不可不知也。

漢書宣帝紀云：「封賀所子弟子侍中中郎將彭祖爲陽都侯。」鄉先輩周壽昌云：「安世傳內封關內侯彭祖，無中郎將三字，此無關內侯三字，所謂互文以徵實也。」又云：「使女徒復作，淮陽趙徵卿，渭城胡組，更乳養。」顏注云：「趙徵卿，邴吉傳云郭徵卿，紀傳不同，未知孰是。」周壽昌云：「此復作女徒，或傳其家姓，或傳其夫姓，故紀傳有異同也。」樹達按：如周說，女子或稱母家之姓，或舉夫家之姓，亦所謂互文以見義者也。

漢書項籍傳云：「梁已破東阿下軍，遂追秦軍，數使使趣齊兵俱西。榮曰：『楚殺田假，趙殺田角、田閒，乃發兵。』梁曰：『田假與國之王，窮來歸我，不忍殺。』」宋祁曰：「田假與國之王，又在田儋傳，作懷王語。」劉奉世校田儋傳，又云：「『謂田假與國之王』者，項梁之語也。見羽傳中。」樹達按：項梁臣於懷王，田儋傳作懷王語者，據其名也；項羽傳作項梁語者，紀其實也。此正史家互文以徵實之例，宋、劉皆不知之。同傳又云：「榮自立爲齊王，予彭越將軍印，令反梁地，越乃擊殺濟北王田安。」何焯云：「田儋傳，榮還攻殺安，與異姓諸侯王表同，此云越殺，誤也。」樹達按：此時越旣屬榮，則越殺卽榮殺也。田儋傳及諸侯王表據其名，故云榮殺；此傳紀其實，則云越殺；古史之所以簡而賅者，由其史法之善，此例其一也。然善讀書如何義門，亦且以爲誤文矣。趙翼謂田儋傳與項羽紀不同，爲史記自相歧互，誤與何同。朱一新漢書管見說與余同。

漢書高后紀云：「立孝惠後宮子強爲淮陽王，不疑爲恆山王，弘爲襄城侯，朝爲軹侯，武爲壺關侯。」檢表，強、不疑，不列於諸侯王表，而列於異姓諸侯王表，且稱爲高后所詐立；孝惠子弘、朝、武三侯，不列於王子侯表，而列於外戚恩澤侯表。又，高后紀末，於弘、朝、武之誅也，亦記其以非孝惠子誅，此亦所謂互文以徵實者也。蓋高后紀前文所書，據呂后當時詔令之文也；表所記，則紀其實也。周壽昌不知此，乃云「強、不疑以早死故，不列於諸侯王表，」可謂疎矣。

卷二

十二　誤解問答之辭例

詩召南采蘩一章云：「于以采蘩？于沼于沚。于以用之？公侯之事。」二章云：「于以采蘩？于澗之中。于以用之？公侯之宮。」又采蘋一章云：「于以采蘋？南澗之濱。于以采藻？于彼行潦。」二章云：「于以盛之？維筐及筥。于以湘之？維錡及釜。」三章云：「于以奠之？宗室牖下。誰其尸之？有齊季女。」邶風擊鼓三章云：「爰居爰處，爰喪其馬。于以求之？于林之下。」采蘩毛傳云：「于，於也。」不釋「以」字。樹達按：「以」假為「台」，何也。書湯誓：「夏罪其如台。」史記殷本紀作「有罪其奈何」。高宗肜日：「乃曰其如台。」殷本紀作「乃曰其奈何」。西伯戡黎：「今王其如台。」殷本紀作「今王其奈何」。是「台」有「何」義。說文：「台」從「㠯」聲，「以」為「㠯」之隸變，故得假「以」為「台」。「于以」者，「于何」也。故凡言「于以」之句，皆問詞；其下句，則皆答詞也。「于以采蘩？于沼于沚」，正與秦風終南首章云：「終南何有？有條有梅。」二章云：「終南何有？有紀有堂。」句法一律。又采蘋三章上二句，「于以奠之？宗室牖下，」與下二句「誰其尸之？有齊季女」爲對文；下二句爲一問一答，則知上二句亦爲一問一答也。自來說者不知「以」爲「台」之假字，鄭箋釋「于以」爲「往以」，陳奐則謂「于以」猶「薄言」，皆發聲語助，而詩人文從字順之文，乃不得其解矣。

余爲右說，頗有疑：「以」既訓「何」，則爲問詞，於文法不當在介字于字之下者。按：小雅白駒云：「于焉逍遙？」鄭箋云：今於何游息乎？又云：「于焉嘉客？」正月云：「于何從祿？」十月之交云：「于何不臧？」菀柳云：「于何其臻？」小旻云：「伊于胡底？」「焉」字、「何」字、「胡」字，皆問詞也，而皆次於「于」字之下，則于以之次第可以無疑矣。列子湯問篇：「吾於何逃聲哉？」按：於、于通用。易緯是類謀云：「間可倚杵于何藏？」左太沖蜀都賦云：「異類衆夥，于何不育？」任彥昇爲齊明帝讓宣城郡公表云：「四海之議，於何逃責？」漢書外戚傳云：「推誠永究，爰何不臧？」爰，亦于也。爰、于、於三字，亦皆居何字之前。

老子五十八章云：「禍兮福之所倚，福兮禍之所伏，孰知其極？其無正？正復爲奇，善復爲妖。」樹達按：「其」，猶豈也。易繫辭傳曰：「妻其可得見邪？」謂豈可得見也。書盤庚曰：「若火之燎于原，不可鄉邇，其猶可撲滅？」言豈猶可撲滅也。僖五年左傳曰：「一之謂甚，其可再乎？」言豈可再也。又十年傳曰：「欲加之罪，其無辭乎？」言豈無辭也。「其」可用爲「豈」，故「豈」亦可用爲「其」。吳語：「大王豈辱裁之，」是也。老子七十七章云：「是以聖人爲而不恃，功成而不處，其不欲見賢？」謂豈不欲見賢也。「其無正」卽「豈無正」，問辭也；「正復爲奇，善復爲妖」，答辭也。按「善復爲妖」上，疑脫「其無善」三字。王弼注云：「言誰知善治之極乎？唯無可正舉，無可形名，悶悶然而天下大化，是其極也。」則以「其無正」句與上「孰知其極」句連讀。樹達按：呂氏春秋季夏紀制樂篇云：「故禍兮福之所倚，福兮禍之所伏，聖人所獨見，衆人焉知其極？」正用老子文。韓非子解老篇云：「故曰禍兮福之所倚，以成其功也。」又云：「故曰福兮禍之所伏。」又云：「故諭人曰，孰知其極？」而不及「其無正」之文。又文子微明篇云：「故曰禍兮福所倚，福兮禍所伏，孰知其極？」亦不及「其無正」之文。則知呂不韋、韓非及撰集今本文子者，皆不以「其無正」屬上句讀，可以證王弼之誤矣。

十三　文中有標題例

古書中有作者自標之題，其初本與正文分析者也，後經傳寫，遂致混淆，讀者不之知，遂竟誤認爲正文矣。

此例荀子書中最多，有爲前人所已言者，亦有爲前人所未及言者，今詳舉之。修身篇云：「扁善之度，以治氣養生，則後彭祖；以修身自名，則配堯禹；宜於時通，利以處窮，禮信是也。」「扁善之度」四字，標題也。「以治氣養生」云云，皆指以禮信而言。蓋謂以禮信治氣養生，則後彭祖；以禮信修身自名，則配堯、禹；以禮信既宜於時通，復利以處窮。於、以互文；以，亦於也。此其所以爲扁善之度也。王念孫讀「扁」爲「徧」是也。韓詩外傳卷一乃改爲「君子有辯善之度以治氣養性」云云。若謂以辯善之度治氣養性云者，則文理顛倒不可通矣。又云：「治氣養心之術。」此與下文不相屬，亦標題也。下文「血氣剛強，則柔之以調和」云云，卽治氣養心之術也。楊注以屬上文，非；王先謙已駁之。韓詩外傳卷二改云「夫治氣養心之術」，則又誤認爲正文矣。不苟篇云：「欲惡取舍之權。」楊注云：「舉下事」者，謂標題也。榮辱篇云：「榮辱之大分，安危利害之常體。」此則並標兩題。故下文兩段：第一段以「是榮辱之大分也」爲結；第二段以「是安危利害之常體也」爲結。非相篇云：「談說之術。」亦標題也。下文「矜莊以莅之」云云，所謂談說之術也。韓詩外傳卷五改爲「夫談說之術」，則又誤認爲正文矣。又云：「士君子之所能不能爲，」王念孫云：「總冒下文之詞。」——即標題也。王校於「所能」下校增「爲」字，云當作「士君子之所能爲不能爲。」樹達按：上「爲」字因下「爲」字省耳，不必增也。又云：「士君子之容。」亦標題也。下文兩節，分言父兄之容與子弟之容，而以士君子之容統括之。仲尼篇云：「持寵處位，終身不厭之術。」下文結云：「是持寵處位，終身不厭之術也。」又云：「求善處大重，理任大事，擅寵於萬乘之國，必無後患之術。」下文結云：「是事君者之寶而必無後患之術也。」又云：「天下之行術，」下文結以「夫是之謂天下之行術」，亦皆標題也。儒效篇云：「大儒之效。」此與下文不相屬，亦標題也。「武王崩」以下，皆言周公大儒之效之事，而以「夫是之謂大儒之效」結之。又云：「人論。」楊倞注云：「論人之善惡。」王念孫云：「『人論』二字，乃目下之詞，『論』，讀爲『倫』，類也，等也。謂人之等類，即下文所謂『衆人』、『小儒』、『大儒』也。下文又云：『人倫盡矣。』楊說失之。」樹達按：王說是也。王制篇有「王者之人」、「王者之制」、「王者之論」、「王者之法」四語。法字，據王念孫校增。皆標題也。楊注：「王者之制」云說王者制度也，不明言其爲標題。故四節之末，各以本節標題之語結之。韓詩外傳卷三載「王者之論」節，改「王者之論」爲「王者之論德也」，則誤認爲正文矣。又云：「序官。」此與下文不相屬，亦標題也。富國篇云：「足國之道。」標題也。楊注云：「明富國之術也，」不明言爲標題。

又云：「持國之難易。」亦標題也。楊注云：「論守國難易之法也，」不明言爲標題。韓詩外傳卷六采取此節，但采下文，不采此語，獨未誤認。君道篇云：「至道大形。」此與下文不屬，亦標題也。下文結云：「夫是之謂大形。」王先謙解至道大形云：「言至道至於大形之時，」則誤認爲正文矣。又云：「材人」。此與下文不屬，亦標題也。又，臣道篇云：「人臣之論。」亦標題也。王氏念孫亦讀「論」爲「倫」，訓爲「等」，故下文詳論四等之臣，復結以「是人臣之論也」一語。又致士篇云：「衡聽、顯幽、重明、退姦、進良之術。」標題也。下文詳言其術，而結云：「夫是之謂衡聽、顯幽、重明、退姦、進良之術。」彊國篇云：「積微。」與下文不屬，亦標題也。下文「月不勝日」，「時不勝月」，「歲不勝時」云云，皆言積微之事也。正名篇云：「後王之成名。」與下文不屬，亦標題也。下文「刑名從商」，「爵名從周」，「文名從禮」云云，則詳言其事也。又大略篇云：「大略。」楊注云：「舉爲標首，所以起下文」是也。王先謙校王制篇「序官」云：「案樂論篇云：『其在序官也，曰修憲命，審誅賞，禁淫聲，以時順修，使夷俗邪音，不敢亂雅，太師之事也。』與本文同，則『序官』是篇名。上文『王者之人』、『王者之制』等語及各篇分段首句，類此者，疑皆篇名，應與下文離析，經傳寫雜亂，不可考矣。」樹達按：王氏此說，所見甚卓。劉向敍錄云：「所校中孫卿書凡三百二十二篇，以相校，除復重二百九十篇，定著三十二篇」云云，則今本篇目，本劉向所定，非荀卿之舊；且大略篇有標題「大略」二字，亦足爲諸標題卽是篇名之證。然劉向敍錄又云：「孫卿以爲人性惡，故作性惡一篇」，則似「性惡」本是原篇名，而今本並無性惡二字之標題，若非脱漏，亦頗可疑。仔細考之，荀子此類標題，蓋是篇中「分節之題」：如管子書中，有「大題」，有「小題」，又有「分節之題」。例如牧民第一經言。「一經言」，大題也；牧民，小題也。而牧民之中，又分國頌、四維、四順、士經、六親五法五小節。立政第四經言。「四經言」，大題也；立政，小題也。立政之中，又分三本、四固、五事、首憲、首事、省官、服制、九敗、七觀九小節。韓非子亦然，如內儲說上七術第三十。「內儲說」爲大題，七術爲小題；而七術篇中又分參觀、必罰、賞譽、一聽、詭使、挾智、倒言七小節是也。而韓非書中，又有但有大題及分節之題而無小題者。如八經篇爲大題，篇中又分因情、主道、起亂、立道、參言、聽法、類柄、主威八小節是也。荀子書蓋與韓非之八經篇相類，有「大題」與「分節之題」而無「小題」。但管、韓「分節之題」在本文之後，而荀子分節之題皆在本文之前爲小異。知荀本在前者，以每節之末恆以標題爲結語，故知之。韓詩外傳文亦可證。然管、韓之書未經混亂，故今日尚條理分明；而荀子書則已混亂不可考。觀韓詩外傳已多誤認標題爲正文，則傳寫混亂，在西漢初年已然。然由外傳之誤認，又可知此類標題實是荀子之原文，非由讀者注記誤入正文者耳。以此事頗有關繫，故詳言之如此。吾師新會梁先生近在清華學校講演荀子概要，亦謂「人論」「序官」皆荀子篇名。且謂今本荀子中當除去成相篇賦篇，以合藝文志荀卿賦十篇別行之舊，而以「人論」「序官」二篇補之，以符劉向校本三十二篇之數。樹達按：先生之說，頗覺可商。班志本之七略，原有互著之法。管子列入道家，弟子職一篇別入小學，非弟子職必別行也。此其故，章實齋校讎通義嘗詳言之。荀卿書分見二家，亦此類耳。又荀子中標題甚多，如上所舉，已得二十四事，又不止「人論」「序官」二事也。聊識於此，以待請益。

淮南子天文訓云：「星：正月建營室，二月建奎婁，三月建胃，四月建畢，五月建東井，六月建張，七月建翼，八月建亢，九月建房，十月建尾，十一月建牽牛，十二月建虛。星分度：角十二，亢九，氐十五，房五，心五，尾十八，箕十一四分一，斗二十六，牽牛八，須女十二，虛十，危十七，營室十六，東壁九，奎十六，婁十二，胃十四，昴十一，畢十六，觜巂二，參九，東井三十三，輿鬼四，柳十五，星七，張、翼各十八，軫十七；凡二十八宿也。星部地名：角、亢，鄭；氐、房、心，宋；尾、箕，燕；斗、牽牛，越；須女，吳；虛、危，齊；營室、東壁，衛；奎、婁，魯；胃、昴、畢，魏；觜巂、參，趙；東井、輿鬼，秦；柳、七星、張，周；翼、軫，楚。」以上凡三節；星、星分度、星部地名，則各節之標題也。

十四　文中自注例

古人行文，中有自注，不善讀書者，疑其文氣不貫，而實非也。史記田叔傳敍田仁事云：「月餘，上遷拜爲司直，數歲，坐太子事，時左丞相自將兵，令司直田仁主閉守城門，坐縱太子，下吏誅死。」上文既云「坐太子事」，下文又云「坐縱太子」，語意有若複沓；其實正文乃爲「坐太子事，下吏誅死」，「時左丞相」三句乃注文，所以詳述「坐太子事」四字者也。今用新標點法表之：則爲「數歲，坐太子事——時左丞相自將兵，令司直田仁主閉守城門，坐縱太子——下吏誅死。」如此，讀者便可一見瞭然。愚意當時史公於此等處，必有標乙之號，後人展轉傳寫，遂脫之耳。

又，梁孝王世家云：「自山以東，游說之士，莫不畢至。齊人羊勝公孫詭鄒陽之屬，公孫詭多奇邪計」云云，直讀之，語氣不貫。吳汝綸遂疑齊人句有脫字，不知此句乃所以申明上句「自山以東，游說之士莫不畢至」者。若以新標點法表之：當爲「自山以東，游說之士莫不畢至——齊人羊勝、公孫詭、鄒陽之屬，——公孫詭多奇邪計。」斯無不貫之嫌矣。

又，封禪書云：「天下名山八，而三在蠻夷，五在中國。中國華山、首山、太室、泰山、東萊，此五山，黃帝之所常遊，與神會。」「中國華山、首山、太室、泰山、東萊」，亦上文「五在中國」之注文。

又史記、漢書及他處有自注之文者，今皆以新標點法表之。田單傳云：「莒人求湣王子法章，得之太史嬓之家——爲人灌園——嬓女憐而善遇之。」「爲人灌園」，所以釋法章在太史嬓家之故。叔孫通傳云：「於是二世令御史案諸生言反者下吏——非所宜言——諸言盜者皆罷之。」「非所宜言」，釋言反者下吏之罪名也。項羽本紀云：「項王、項伯東嚮坐，亞父南嚮坐——亞父者，范增也——沛公北嚮坐，張良西嚮侍。」「亞父者，范增也」二句，所以釋亞父之爲誰也。史記尉佗傳云：「乃爲佗親冢，——在眞定——置守邑，歲時奉祀。」「在眞定」所以說明親冢之所在者。又，魏其武安侯傳云：「蚡言灌夫家在潁川，橫甚，民苦之，請案之。上曰：『此丞相事，何請？』灌夫亦持丞相陰事，——爲姦利，受淮南王金與語言——賓客居閒，遂止，俱解。」「爲姦利」二句，乃所以注明丞相陰事之爲何事也。又，匈奴傳云：「於是漢悉兵——多步兵三十二萬——北逐之。」「多步兵三十二萬」，所以申明兵字者。又，東越傳云：「及諸侯畔秦，無諸搖率越歸鄱陽令吳芮——所謂鄱君者也——從諸侯滅秦。」「所謂鄱君者也」，所以注明吳芮也。漢書項籍傳云：「於是梁乃求楚懷王孫心——在民閒爲人牧羊——立以爲楚懷王。」「在民閒爲人牧羊」，乃注明所求得之處。又，鮑宣傳云：「拜宣爲司隸——時哀帝改司隸校尉但爲司隸官，比司直——丞相孔光四時行園陵」云云。「時哀帝」以下二句，所以說明本文「司隸」二字者也。又，王尊傳云：「守京兆尹，後爲眞凡三歲，坐遇使者無禮——司隸遣假佐放奉詔書，白尊發吏捕人，放謂尊詔書所捕宜密。尊曰：『治所公正，京兆善漏洩人事。』放曰：『所捕宜今發吏。』尊又曰：『詔書無京兆文，不當發吏』——及長安繫者，三月閒千人以上，……尊坐免。」「司隸遣假佐放」至「不當發吏」，所以詳說遇使者無禮之事也。凡此皆是注文，若與本文連讀，則文氣不貫。鹽鐵論禁耕篇云：「異時鹽鐵未籠，布衣有朐邴，——朐邴吳王，皆鹽鐵初議也——人君有吳王人字從張敦仁校。專山澤之饒。」讀法與上史、漢諸條同，不如此則文氣中斷。

十五　起下之詞例

文中標題，與本文本不相連者也。乃若總起下文之詞，則原與本文連屬，而後人往往有誤其讀者，今略舉例以明之：

淮南子天文訓云：「其爲歲司也，據王引之校文。攝提格之歲，歲早水，晚旱，稻疾，蠶不登，菽麥昌，民食四升。」按：「其爲歲司也」之下，原有圖一。王引之校云：「司，古伺字。太平御覽時序部十三引注曰：『伺，候也。』爲歲司者，爲歲候豐凶也。」尋繹文義，「其爲歲司也」，乃起下之詞。下文「攝提格之歲歲早水晚旱」云云，正謂候歲也；當直接此句下。作圖者誤列圖於此句之後，隔絕上下文義，遂使此句成不了之語矣。且此中間不應有圖，劉績不能是正，又移上文「帝張四維」一段於此句之下，大誤。

漢書陳湯傳云：「昔齊桓公前有尊周之功，後有滅項之罪，君子以功覆過，而爲之諱。行事：貳師將軍李廣利捐五萬之師，靡億萬之費，經四年之勞，而厪獲駿馬三十匹，雖斬宛王毋鼓之首，猶不足以復費，其私罪惡甚多，孝武以爲萬里征伐，不錄其過，遂封拜兩侯三卿二千石百有餘人。」顏師古於「行事」下，置注云：「行事，謂滅項之事也。」劉攽曰：「諱行事，非辭也。諱以上爲句，行事者言已行之事，舊例成法也。漢世人作文，言行事、成事者，意皆同。」王念孫曰：「『行事』二字，乃總目下文之詞。劉屬下讀，是也。行者，往也。往事，卽下文所稱李廣利、常惠、鄭吉三人之事。」漢紀改「行事」爲「近事」，「近事」亦往事也。儒林傳：「谷永疏曰：『近事：大司空朱邑，右扶風翁歸，德茂夭年，孝宣皇帝愍册厚賜。』」「近事」二字，亦總目下文之詞，然則「行事」爲總目下文之詞明矣。通典邊防十一載此疏，亦以「行事」屬上讀，而改其文云「君子以功覆過而爲之諱其行」，亦爲顏注所惑。又論衡一書，言「行事」者甚多，皆謂往事也。其問孔篇云：「行事：雷擊殺人，水火燒溺人，牆屋壓殺人。」「行事」二字，乃總目下文之詞，與陳湯傳之「行事」同。又云：「成事：季康子患盜，孔子對曰，『苟子之不欲，雖賞之不竊。』」「成事」二字，亦是總目下文。故劉云：「漢人言行事、成事者，意皆同」也。

漢書叔孫通傳云：「漢七年，長樂宮成，諸侯羣臣朝十月。儀：先平明，謁者治禮，引以次入殿門，廷中陳車騎，戍卒衞官設兵，張旗志，傳曰『趨』，殿下郎中俠陛，陛數百人，功臣、列侯、諸將軍、軍吏，以次陳西方，東鄉；文官丞相以下，陳東方，西鄉；大行設九賓，臚句傳，於是皇帝輦出房。」云云。顏師古於「儀」字下注云：「欲敍其下儀法，先言儀如此也。」又匈奴傳云：「匈奴法：漢使不去節，不以墨黥其面，不得入穹廬。」又云：「故約：漢常遣翁主給繒絮食物有品以和親。」按「儀」及「匈奴法」與「故約」三語，皆起下之詞。

十六　省句例

古人文中，常有省略一句者。其所以省略之故，有由於說者語急不及盡言，而記事者據其本眞以達之者；有由於執筆者因避繁而省去者。茲舉數例明之：俞氏書卷二有「語急例」，所述皆省一字之例，不及省句。

禮記檀弓上篇云：「子夏喪其子而喪其明，曾子弔之曰：『吾聞之也，朋友喪明，則哭之。』曾子哭，子夏亦哭，曰：『天乎，予之無罪也！』曾子怒曰：『商！女何無罪也？吾與女事夫子於洙泗之間，退而老於西河之上，使西河之民，疑女於夫子，爾罪一也。喪爾親，使民未有聞焉，爾罪二也。喪爾子，喪爾明，爾罪三也。而曰女何無罪與？』」按：「而曰女何無罪與」，語殊難解，故學者多以爲疑。不知「而曰」下實當有「女無罪」一句，文本當云：「而曰女無罪，女何無罪與？」「女無罪」者，承子夏「天乎予之無罪也」一語而言也。「女何無罪與」，則曾子詰責之詞。乃曾子以盛怒之故，急迫不及盡言，而記者亦據實記載之，曾子怒不可遏之情，乃如在目前矣。

管子立政九敗解云：「人君唯毋聽寑兵，則羣臣賓客莫敢言兵。」上下二句，文義不貫，王氏念孫乃謂「毋爲語詞，本無意義。」樹達按：王說非也。此本當云：「人君唯毋聽寑兵，聽寑兵，則羣臣賓客莫敢言兵。」下文「人君唯毋」云云諸句，並同。毋，不也。管子言人

君不聽寢兵，則亦已耳；若聽寢兵，則羣臣賓客莫敢言兵矣。乃管子原文以語急而省去一

句，卽善讀書如王氏者，亦不得其解。果如王說，則不唯「毋」字無義，卽「唯」字亦爲贅

文矣。

史記外戚世家云：「兩人所出微，不可不爲擇師傅賓客，又復效呂氏大事也。」按：文

本當云：「不可不爲擇師傅賓客；不爲擇師傅賓客，又復效呂氏大事也。」避複，省去一句。

又，馮唐傳云：「上旣聞廉頗、李牧爲人良，說而搏髀曰，嗟乎！吾獨不得廉頗、李牧時爲

吾將，吾豈憂匈奴哉！」按文本當云：「吾獨不得於廉頗、李牧時，令頗、牧爲將；若得於

廉頗、李牧時，令頗、牧爲將，吾豈憂匈奴哉！」以語急省去。又太史公自序云：「故有國

者不可以不知春秋，前有讒而弗見，後有賊而不知；爲人臣者不可以不知春秋，守經事而不

知其宜，遭變事而不知其權。」兩「不可以不知春秋」句下，各當有「不知春秋」一語，以

避複，故省去之。

十七　倒句例

俞氏書卷一有「倒句例」。然其所舉之例，自禮記檀弓篇「蓋殯也問於郰曼父之母」及

詩桑柔篇「有空大谷」二例外，皆倒文成句之例，非倒句也，故今補之。

禮記檀弓篇云：「伯魚之母死，期而猶哭。夫子聞之曰：『誰歟哭者？』」按：此文順言之，當云：「哭者誰歟？」而云「誰歟哭者」，倒句也。

左傳閔元年云：「士蔿曰：『太子不得立矣，分之都城，而位以上卿，先爲之極，又焉得立？不如逃之，無使罪至，爲吳太伯，不亦可乎？猶有令名，與其及也。』」此文順言之，「與其及也」一句，當在「不如逃之」之上。

管子戒篇云：「中婦諸子謂宮人盍不出從乎？君將有行。」按：文本當云「君將有行，盍不出從乎？」以語急而文倒。

孟子盡心下篇云：「盆成括仕於齊，孟子曰：『死矣！盆成括。』」按：順言之，當云「盆成括死矣！」

呂氏春秋重言篇云：「少頃，東郭牙至。管子曰：『子耶，言伐莒者？』」按順文言之，當云：「言伐莒者子耶？」

淮南子齊俗訓云：「韓子聞之曰：『羣臣失禮而弗誅，是縱過也。有以也夫，平公之不霸也！』」按：此文順言之，當云：「平公之不霸也，有以也夫！」

史記魯仲連傳云：「亦太甚矣，先生之言也！」順言之，當云：「先生之言也，亦太甚矣！」又匈奴傳云：「孝文皇帝復遣宗室女公主爲單于閼氏，使宦者燕人中行說傅公主。說不欲行，漢彊使之，說曰：『必我行也，爲漢患者。』」按順言之，當云：「爲漢患者，必我行也。」又田儋傳云：「高帝曰：『嗟乎！有以也夫！起自布衣，兄弟三人更王，豈不賢乎哉？』」順言之，則「有以也夫」句，當在「起自布衣兄弟三人更王」之下。

漢書王吉傳云：「詩云：『匪風發兮，匪車揭兮，顧瞻周道，中心怛兮。』說曰：『是非古之風也發發者，是非古之車也揭揭者，蓋傷之也。』」按順文言之，當云：「發發者，是非古之風也；揭揭者，是非古之車也。」以說者認詩文爲倒文，故以倒句說之耳。

十八　兩詞分承上文例

古書中有以二詞分承上文二事者，說者往往誤解，此讀古書者所不可不知也。

漢書景帝紀：「中二年春二月，令諸侯王薨，列侯初封及之國，大鴻臚奏諡誄策；列侯薨及諸侯太傅初除之官，大行奏諡誄策。」此本謂諸侯王薨，大鴻臚奏諡誄，列侯初封及之國，大鴻臚奏策；列侯薨，大行奏諡誄，諸侯太傅初除之官，大行奏策。以諡誄爲死者所用，策則爲初封及之國與初除之官者所用故也。錢大昕說。因詔書文簡，以謚誄、策分承上文二事。應劭不得其解，其釋上二句，乃云：「皇帝延諸侯王賓王諸侯，皆屬大鴻臚，故其薨，奏其行迹，賜與謚及哀策誄文也。」以策與謚誄連文，遂釋爲「哀策」，於是上文「列侯初封及之國」爲贊文，而分承之義失矣。

又，魏豹傳云：「齊、楚遣項它、田巴，將兵隨市救魏。」顏注云：「楚遣項它，齊遣田巴。」樹達按：上文言齊、楚，下文則先敍楚將，後敍齊將，與上相承而順序不同。又韓王信傳云：「夫種、蠡無一罪，身死亡。」謂大夫種死而范蠡亡也。又，淮南王安傳云：「王有孽子不害，最長，王不愛，后太子皆不以爲子兄數。」如淳曰：「后不以爲子，太子不以爲兄秩數。」又，文帝紀云：「其廣增諸祀壇場珪幣。」此謂廣壇場，增珪幣也。「壇場」，承上「廣」字言；「珪幣」，承上「增」字言。又，敍傳云：「鄭寬中、張禹朝夕入說尚書、論語於金華殿中。」按寬中說尚書，禹說論語也。此類舊注有未及者，細按皆可得之。又，高帝紀云：「掾、主吏蕭何、曹參。」顏注：「曹參爲掾，蕭何爲主吏。」樹達按上文明有「蕭何爲主吏」之文，故顏以掾屬曹參，主吏屬蕭何。此文若改云「掾曹參，主吏蕭何」，自較明白。而漢書則以蕭何、曹參分承上文，且又不依上文掾、主吏之序次，而置蕭何於曹參之上，若非上有明文，則解者將不免以掾屬蕭何，主吏屬曹參矣。

漢書景帝紀云：「九月，封故楚、趙傅、相、內史前死事者四人子。」注：文穎曰，「楚相張尙、太傅趙夷吾、趙相建德、內史王悍：——此四人各諫其王，無使反，不聽，皆殺之；故封其子。」按如文注之說，則「傅」字承上文「楚」字，「內史」承上文「趙」字；相字則兼承「楚、趙」二字，故置於「傅」與「內史」二詞之間，此可見古人屬辭之精密。

漢書宣帝紀：「五鳳三年，詔云：『單于閼氏子孫、昆弟及呼遬累單于名王、右伊秩訾、且渠、當戶以下，將衆五萬餘人來降。』」鎭海王氏榮商漢書補注云：「『單于閼氏子孫昆弟』，言『單于之子孫、閼氏之昆弟』，非單于閼氏自降也。『單于子孫』，謂屠耆單于之子姑簪樓頭也；樹達按：宣紀云子孫者，因子而連言及孫也。『閼氏昆弟』，謂顓渠閼氏之弟都隆奇也。時屠耆單于兵敗自殺，故二人亡降漢，事見匈奴傳。」樹達按：王說是也。又功臣表：「信成侯王定以匈奴、烏桓屠驀單于子左大將軍率衆降。」侯，五鳳二年九月癸巳封，則單于子不僅姑簪樓頭一人也。

史記景帝紀：「中元年，封故御史大夫周苛孫——平爲繩侯，故御史大夫周昌子——左軍爲安陽侯。」而漢書省其文，則云「封故御史大夫周苛、周昌孫、子爲列侯」，以「孫」字承「周苛」，「子」字承「周昌」，亦二名分承二事之例也。

史記文帝紀：「二年九月，初與郡國守相爲銅虎符竹使符。」按郡國守相者，謂「郡守」與「國相」也，此以「守相」二字分承「郡國」二事。

漢書鼂錯傳云：「勁弩長戟，射疏及遠，則匈奴之弓弗能格也。」顔師古注云：「疏，亦闊遠也。」劉奉世曰：「長戟恐誤，或者勁弩，如今九牛大弩以槍爲矢歟？故可射疏及遠也。然戟有鉤，又不可射。」胡三省曰：「文意各有所屬：勁弩所以射疏，長戟所以及遠也。」樹達按：胡説是也。此分承之例，顔、劉不知，故説皆不憭也。

漢書循吏王成傳云：「後詔使丞相御史問郡國上計長吏守丞以政令得失。」劉攽曰：「長吏守丞，『吏』當作『史』，郡使 守丞，國使、長史，皆一物也，故總言『郡國上計長史、守丞。』後漢百官志云：『諸侯王相如太守，長史如郡丞。』」樹達按：劉説是也。「長史」，承上「國」字言；「守丞」，承上「郡」字言也。

後漢書光武十王傳贊云：「光武十子，胙土分王：沛獻尊節，楚英流放；延既怨詛，荆亦觖望；濟南陰謀，琅邪驕宕；中山臨淮，無聞夭喪。」李賢注：「中山臨淮二句云，二王早終，名聞未著也。」王氏集解引 姜宸英云：「無聞，指中山；夭喪，指臨淮也。臨淮未之者，以上文六句，每句各指一王，故變爲「合敍」，以避板滯耳。

爲王而薨，無子，國除，故云。若中山享國五十二年，而注云二王早終，非也。」樹達按：李賢不知分承之例，故致誤解。按原文如云「中山無閒，臨淮夭喪，」實較淸晰，然必合言

十九 「之」「其」通用例

馬建忠云：「嘗謂孟子『親之欲其貴也，愛之欲其富也』兩句中『之』『其』兩字，皆指象言，何以不能相易？」文通例言。樹達按：馬氏之說，就常文而言耳。其實古人文字，「之」字可用爲「其」，「其」字亦可用爲「之」，頗無劃然之界劃，此亦初學者所易致疑，而不可不知者也。

王氏經傳釋詞卷九云：「呂氏春秋音初篇注曰：『之，其也。』詩旄邱曰：『旄邱之葛兮，何誕之節兮！』上『之』字，句中語助也；下『之』字則訓爲『其』。言旄邱之葛，何疏闊其節而不相附？以喩衞之諸臣，何多日而不相救也？禮記檀弓曰：『公再拜稽首請於尸曰：「有臣柳莊也者，非寡人之臣，社稷之臣也，聞之死，請往！」』言聞其死也。郊特牲曰：『天子樹瓜華，不斂藏之種也。』言天子但樹瓜華以供食而已，不收藏其種，以與民爭

利也。昭十六年左傳曰：『斬之蓬蒿藜藋而共處之。』言斬其蓬蒿藜藋也。詩采綠曰：『之子于狩，言韔其弓；之子于釣，言綸之繩。』『之』亦其也，互文耳。故孟子公孫丑篇：『天下之民皆悅而願爲之氓，』周官載師注引此『爲之氓』作『爲其民』。」樹達按：王說是也。成十五年公羊傳曰：「爲人後者爲之子。」「爲之子」，爲其子也。故下文又曰：「爲人後者爲其子。」呂氏春秋仲冬紀忠廉篇云：「吳之無道也愈甚，請與王子往奪之國！」「往奪之國」，謂往奪其國也。又有始覽謹聽篇云：「是乃冥之昭，亂之定，毀之成，危之寧。故殷、周以亡，比干以死。」謂冥其昭，亂其定，毀其成，危其寧也。又開春論愛類篇云：「惠子曰：『有人於此，必擊其愛子之頭，石可以代之。』匡章曰：『公取之代乎？其不歟？』」「公取之代」，謂公取其代也。鹽鐵論刺權篇云：「傳曰，『河海潤千里，盛德及四海，』況之妻子乎？」謂況其妻子也。史記項羽紀云：「項王乃疑范增與漢有私，稍奪之權。」謂稍奪其權也。漢書高帝紀云：「項羽侵奪之地，謂之番君。」謂侵奪其地也。此皆以「之」字作「其」字用之例也。

王氏釋詞卷五云：「其，猶之也。書盤庚曰：『不其或稽，自怒曷瘳？』賈子大政篇曰：『故欲以刑罰慈民，辟其猶以鞭狎狗也，雖久弗親矣。欲以簡泄得士，辟其猶以弧怵鳥也，雖久弗得矣。』『其』與『之』同義，故『其』可訓爲『之』，『之』亦可訓爲『其』。」

二十　「于」作「以」義用例

劉氏淇助字辨略卷一云：「左傳宣公十二年：『其君無日不討國人，而訓之于民生之不易。』杜注曰：『于，曰也。』按：『訓之于民生之不易，猶云訓之以民生之不易。』」樹達按：述語之詞，有直述、轉述二法：直述恆例用「曰」字；轉述則不當用「曰」字。左傳之文，乃轉述口氣，不容用「曰」字。杜注之訓，雖本爾雅釋詁，於文氣不合，非是。劉氏之說是也。

書盤庚篇云：「歷告爾百姓于朕志。」又云：「今我既羞告爾于朕志。」說者多以爲倒句：謂歷告朕志于爾百姓，羞告朕志于爾也。樹達按：尚書文義雖古，不宜顛倒若此。此二「于」字亦當訓爲「以」，謂歷告爾百姓以朕志，羞告爾以朕志也。如此則文從字順，無詰鞫不通之病矣。

「于」作「以」義用之例，尚書尚多有之。堯典，「舜讓于德，」謂舜以德讓也。盤庚上篇，「予告汝于難，若射之有志，」謂予告汝以難也。康誥篇，「殺越人于貨，」謂殺越人以取貨也。又，「惟弔茲不于我政人得罪，」謂不以我政人得罪也。洛誥篇，「聽朕教汝于棐民彝，」謂教汝以棐民彝也。君奭篇，「我亦不敢寧于上帝命，」言不敢以上帝命自安也。又，「我成文王，功于不怠，」謂成文王功以不怠也。多方篇，「不克永于多享，」謂不克永以多享也。多士篇，「凡四方小大邦喪，罔非有辭于罰，」謂罔非有辭以罰也。此皆足證前盤庚篇二例之「于」，確當訓「以」，不當釋爲倒句。古人「以」「與」二字通用，見王氏經傳釋詞；而「于」「與」二字音同，守溫字母圖，二字皆屬「喻」母。「于」得爲「以」，猶「以」之得爲「與」也。

史記載樂毅報燕惠王書云：「薊丘之植，植於汶篁。」索隱云：「言燕之薊丘所植，皆植齊王汶上之竹也。」俞氏書卷一云：「此亦倒句；若順言之，當云汶篁之植植於薊丘耳。」今按：如俞氏之說，則文字顛倒太甚，殊不合理。曾氏國藩據說文，釋「篁」爲竹田，謂汶篁爲汶上之竹田，說亦未協。蓋樂毅此書，意在誇示己爲燕伐齊之功績。上文「齊器設於甯臺」，「大呂陳於元英」，「故鼎反乎磿室」三句，皆指在齊之物移入於燕而言；若如曾說，則與上文不類，非毅設言之意矣。今按：此「於」字亦當訓爲「以」，言薊丘之植，植以汶篁耳。漢書晁錯傳云：「出則教民於應敵，」亦謂教民以應敵也。淮南子齊俗訓云：「治君者不以君以欲，治欲者不以欲以性，治性者不於性以德，治德者不以德以道。」「於」、「以」二字互用。老子六十七章云：「夫慈以戰則勝。」韓非子解老篇引作「於戰則勝」，此又古時「於」「以」二字通用之證也。

二十一　「者」作「然」義用例

「者」爲別事之詞，人人所知也；然古人恆用以表類似之義，與孟子「無若宋人然」之「然」字用法略同。前人於此未有言及者。故或致誤解，今特舉例言之。

「者」字表類似之義之見於揣擬者，如論語鄉黨篇云：「孔子於鄉黨，恂恂如也，似不能言者。」史記信陵君傳云：「於是公子立自責，似若無所容者。」馬氏文通卷三云：「此猶云，公子自責其愧悔之狀，一如無地以自容之人也。」以「人」字釋「者」字，誤。又，石奮傳云，「建爲郎中令，事有可言，屏人恣言極切；至廷見如不能言者。」是也。馬氏云：「至廷見時，其嗫嚅之情一若不能言之人也。」亦誤釋「者」字爲「人」字。此數句文中有「似」字、「若」字、「如」字，則言者出於揣擬甚明。然亦有無此等字者。如史記游俠傳贊云：「吾視郭解，狀貌不及中人，言語不足採者。」謂言語若不足採者也。漢書郊祀志云：「平言上曰：『闕下有寶玉氣來者。』已視之，果有獻玉杯者。」「闕下有寶玉氣來者」，謂闕下若有寶玉氣來者也。

「者」字表類似之義，故表僞飾之語常用之。如左傳僖二十五年云：「宵坎血加書僞與子儀子邊盟者。」又成九年云：「我出師以圍許，爲將改立君者而紓晉使，晉必歸君。」又定八年云：「陽虎僞不見冉猛者。」史記齊太公世家云：「田乞僞事高國者。」漢書韓信傳云：「有變告信欲反，書聞，上患之，用陳平謀，僞游於雲夢者，實欲襲信。」翟義傳云：「太夫人可歸，爲棄去宣家者以避害。」霍光傳云：「更以禹爲大司馬，小冠亡印綬，罷其右將軍屯兵官屬，特使禹官名與光俱大司馬者。」是也。史記張釋之傳云，「欲以觀其能口對響應無窮者，」此與飾僞者相近而微異。漢書匈奴傳云：「莽以其庶女陸逯任妻後安公奢，所以尊寵之甚厚，終爲欲出兵立之者。」樹達按：此蓋謂莽陽飾爲欲出兵立之之貌，不必果有其意也。或以爲敍述者揣擬之詞，謂莽若有此意然，說亦可通。顏師古乃云，「言爲此計意不止，」則與原文意義差池太遠矣。

又有語屬斷定，而意存謙抑，姑爲活脫之詞者；以「者」字意表類似，故亦用之。國語鄭語：「公曰：『周其弊乎？』對曰：『殆於必弊者。』」漢書董仲舒傳云，「今漢繼大亂之後，若宜少損周之文，致用夏之忠者，」是也。

又有對事含疑用「者」字以表類然之義者。如漢書韋玄成傳云，「玄成素有名聲，士大夫多疑其欲讓爵辟兄者，」是也。

二十二　「自」作「雖」義用例

古書中「自」字有作「雖」字用者。史記秦本紀云：「夫自上聖黃帝作爲禮樂法度，身以先之，僅以小治。」又，律書云：「兵者聖人所以討彊暴，平亂世，夷險阻，救危殆，自含血戴角之獸，見犯則校，而况於人懷好惡喜怒之氣。」又，禮書云：「自子夏門人之高弟也，猶云出見紛華盛麗而說，入聞夫子之道而樂，二者心戰未能自決；而况中庸以下，漸漬於失教，被服於成俗乎？」又，平準書云：「漢興，接秦之弊，丈夫從軍旅，老弱轉糧饟，作業劇而財匱；自天子不能具鈞駟，而將相或乘牛車。」又：周昌傳云：「昌爲人彊力，敢直言，自蕭、曹等皆卑下之。」又云：「且自呂后太子及大臣皆素敬憚之。」諸「自」字皆與「雖」字義同。從來注家俱未釋「自」字之義，蓋以爲訓「從」之「自」，非也。而劉淇助字辨略見卷四。謂此諸「自」字並是語助，不爲義；亦誤。

此類「自」字漢書中用之者甚多。高祖紀云：「高祖不修文學，而性明達，好謀能聽，自監門戍卒，見之如舊。」謂雖監門戍卒見之如舊也。宣帝紀贊云：「至于技巧工匠器械，自元、成閒鮮能及之。」謂雖元、成世，去宣帝至近，亦不能及也。刑法志云：「今律令煩多而不約，自典文者不能分明；而欲羅元元之不逮，斯豈刑中之意哉？」謂雖典文者不能分明也。劉向傳云：「堪非獨不可於朝廷，自州里亦不可也。」謂雖州里亦不可也。賈誼傳云：「自高皇帝不能以是一歲爲安，故臣知陛下之不能也。」謂雖高皇帝不能以是一歲爲安也。汲黯傳云：「或說黯曰：『自天子欲令羣臣下大將軍；大將軍尊貴誠重，君不可以不拜。』」謂雖天子欲令羣臣下大將軍也。韓安國傳云：「且自三代之盛，夷狄不與正朔服色。」謂雖三代之盛，夷狄不與正朔服色也。景十三王傳贊云：「自凡人猶繫于習俗，而況哀公之倫乎？」謂雖凡人猶繫于習俗也。蘇武傳云：「自丞相黃霸、廷尉于定國、大司農朱邑、京兆尹張敞、右扶風尹翁歸及儒者夏侯勝等，皆以善終著名宣帝之世，然不得列於名臣之圖，以此知其選矣。」謂雖丞相黃霸等不得列於名臣之圖也。衞青霍去病傳贊云：「自魏其武安之厚賓客，天子常切齒。」謂雖魏其等好客，天子亦不悅也。董仲舒傳贊云：「故顏淵死，孔子曰：『噫，天喪余！』唯此一人爲能當之；自宰我、子贛、子游、子夏不與焉。」謂雖宰我等不與也。張安世傳云：「每定大政，已決，輒移病出。聞有詔令，乃驚，使吏之丞相府問焉。自朝廷大臣，莫知其與議也。」謂雖朝廷大臣，莫知其與議也。杜周傳云：「自京師不曉，況於遠方。」謂雖京師不曉也。又云：「自尚書近臣，皆結舌杜口。」謂雖尚書近臣皆結舌杜口也。司馬遷傳贊云：「然自劉向、揚雄博極羣書，皆稱遷有良史之材。」謂雖向、雄之博，亦稱遷也。東嚴助傳云：「自三代之盛，胡、越不與受正朔。」謂雖三代之盛，胡、越不與受正朔也。東方朔傳云：「自公卿在位，朔皆敖弄無所爲屈。」謂雖公卿在位，朔皆敖弄之也。又云：「自唐虞之隆，成、康之際，未足以諭當世。」言雖唐虞之隆，未足諭也。朱雲傳云：「自堯之用舜，文王於太公，猶試然後爵之；又況朱雲者乎？」謂雖堯用舜，文王用太公，猶試然後爵也。又梅福傳云：「自霍光之賢，不能爲子孫慮。」言雖霍光之賢，不能爲子孫慮也。于定國傳云：「災咎之發，不爲一端而作，自聖人推類以記，不敢專也；況於非聖者乎？」言雖聖人亦推類以記也。王貢兩龔傳序云：「此四人者，當秦之世，避而入商雒深山，以待天下之定也。自高祖聞而召之不至。」言雖高祖聞而召之，不至也。孫寶傳云：「自禁門內樞機近臣，蒙受冤譖，虧損國家，爲謗不小。」言雖禁門內之近臣，亦蒙受冤譖也。毋將隆傳云：「大司農錢，自乘輿不以給共養。」言雖天子不以給共養也。匡衡傳云：「元帝時，中書令石顯用事，自前相韋玄成及衡皆畏顯。」言雖玄成及衡亦畏顯也。張禹傳云：「性與天道，自子贛之屬不得聞，何況淺見鄙儒之所言。」謂性與天道，雖子贛不得聞也。翟義傳云：「自古大聖猶懼此，況臣莽之斗筲。」謂雖古大聖猶懼此也。王嘉傳云：「自貢獻宗廟三宮，猶不至此。」謂雖貢獻宗廟三宮，猶不至此也。王莽傳云：「自黄帝、湯、武行師必待部曲旌旗號令。」謂雖黄帝等行師，必待部曲旌旗號令也。敍傳云：「斿以選受詔進讀羣書。上器其能，賜以祕書之副，——時書不布，自東平王以叔父求太史公諸子書，大將軍白不許。」言雖東平王以叔父求書，尚不許也。又云：「成帝性寬，進入直言，是以王音、翟方進等繩法舉過，而劉向、杜鄴、王章、朱雲之徒肆意犯上，故自帝師安昌侯、諸舅、大將軍兄弟及公卿大夫後宮外屬史、許之家，有貴寵者，莫不被文傷詆。」言雖帝師等，亦被詆也。此諸「自」字注家皆無說，蓋亦以爲訓「從」之「自」矣。

鹽鐵論非鞅篇云：「李梅實多者，來年爲之衰；新穀熟者，舊穀爲之虧。自天地不能兩盈，而況於人事乎？」又，刑德篇云：「自吏明習者不知所處，而況愚民乎？」二「自」字亦「雖」義。

吳越春秋句踐二十一年，「吾愛士，雖吾子不能過也；及其犯誅，自吾子亦不能脱也。」以「自」與「雖」爲對文，自爲雖義明矣。余爲此說，後見吳昌瑩經詞衍釋，說與余同。

二十三　「所」作「意」義用例

漢書曹參傳云：「惠帝怪相國不治事，以爲『豈少朕與？』迺謂窋曰：『女歸，試從容問乃父曰：「高帝新棄羣臣，帝富於春秋，君爲相國，日飲無所請事，何以憂天下？」然無言吾告女也！』窋既洗沐歸，時閒，自從其所諫參。」又，疏廣傳云：「廣子孫竊謂其昆弟老人——廣所愛信者——曰：『子孫幾及君時，頗立產業基阯；今日飲食費且盡，宜從丈人所勸說君買田宅。』」又，薛宣傳云：「宣心知惠不能，終不問惠以吏事。惠自知治縣不稱宣意，遣門下掾送宣至陳留，令掾進見，自從其所問宣不教戒惠吏職之意。」又匈奴傳云：「上直欲從單于求之，爲有不得傷命損威，根卽但以上指曉藩，令從藩所說而求之。藩至匈奴，以語次說單于。……單于曰：『此天子詔語邪？將從使者所求也？』」又云：「新室順天制作，故印隨將率所自爲破壞。」魏志田疇傳云：「太祖語惇曰：『且往以情喻之！自從君所言，無告吾意也。』」樹達按：凡云「從其所」者，皆謂「由其意」也。「從」者，「由」也；「所」者，「意」也。後漢書列女傳廣漢姜詩妻傳云：「妻迺寄止鄰舍，晝夜紡績，市珍羞，使鄰母以意自遺其姑。」句意與漢書及魏志同，而變「從其所」之文爲「以意」，則知「所」

之可以訓「意」矣。疏廣傳注引鄧展云：「宜令意自從丈人所出，無泄吾言也。」「所」字無訓，非是。顏師古注曹參傳云：「自從其所，」猶言自出其意也。注薛宣傳云：「若自出其意，不云惠使之言。」以「意」訓「所」，是也。二「出」字則疑是「由」字之誤。

漢書周亞夫傳云：「上居禁中，召亞夫賜食；獨置大胾，無切肉，又不置箸。亞夫心不平，顧謂尚席取箸；上視而笑曰：『此非不足君所乎？』」孟康曰：「設胾無箸者，此非不足滿於君所乎？嫌恨之也。」如淳曰：「非故不足君之食具，偶失之也。」師古曰：「孟說近之，帝言賜君食而不設箸，此豈不由我意，於君有不足乎？」浙本如此，汲古閣本無「豈不」二字，非。樹達按：諸說皆非也。此文「此」字，指亞夫顧尚席取箸之事而言；「所」者，意也；「不足君所」者，於君意有不足也。景帝意謂「君顧尚席取箸者，非君意不足之所爲乎？」故下文云，「此鞅鞅非少主臣也。」孟、顏云，此非由我意，於君有不足乎？情事未合；豈有不滿於人而自告之者乎？ 文選五十四陸機五等論注引楚漢春秋下蔡亭長罵淮南王黥布語云：「封汝爵爲千乘，東南盡日所出，尚未足黥徒羣盜所邪？而反何也？」言如此豈猶未足汝黥徒之意而必反也？與周勃傳句例正同。

襄三十年左傳云：「人謂子產就直助彊，子產曰：『豈爲我徒？國之禍難，誰知所儆？

或主彊直，難乃不生，姑成吾所。』」王引之云：「乃，寧也。言禍難未知所敝，雖或主彊直之人，寧不生難乎？」經傳釋詞卷六。樹達按：王說是也；而不釋「所」字。按此「所」字亦當訓「意」，「姑成吾所」者，姑成吾意也。

漢書佞幸董賢傳云：「上有酒所，從容視賢笑曰：『吾欲法堯禪舜何如？』」師古曰：「言酒在體中。」非是。王先謙補注據疏廣薛宣傳注釋「酒所」爲「酒意」，是也。

二十四　兩名錯舉例

漢書劉向傳云：「然公卿大臣絳、灌之屬，咸介冑武夫，莫以爲意。」錢大昭漢書辨疑云：「李善注文選，謂絳灌是一人，非絳侯與灌嬰。案孝惠世，周勃、灌嬰俱在，而一取封地，一取氏族，不相倫類，故李氏疑非二人，蓋據楚漢春秋謂高祖之臣，別有絳灌；然史傳中無此人。且賈誼傳已云『樊、酈、絳、灌，』樊指噲，酈指商，絳指周勃，灌指灌嬰。又，陳平傳云：『絳、灌等或讒平。』樊噲傳云：『羣臣絳、灌等莫敢入。』外戚傳：『絳侯、灌將軍等曰：「吾屬不死，命乃且縣此兩人。」』蓋各舉其姓，則周有周昌、周竈之不同；各舉其封地，嬰又封潁陰，兩字不可單稱，故當時有此『絳灌』之目。」樹達按：錢氏之說，剖析至精，此可知古人屬辭之不苟，非漫爲參錯也。李善不知稱名本有參錯之例，遽信後人僞撰之楚漢春秋，疏矣。

漢書他篇中兩名錯舉之例尚多。鄒陽傳云：「六齊望於惠后。」孟康注謂惠帝與呂后。霍去病傳云：「票騎將軍去病率師躬將所獲葷、允之士。」服虔曰：「堯時曰熏鬻，周曰獫狁，秦曰匈奴。」王先謙云：「『葷』同『熏』，『允』同『狁』，取熏鬻獫狁併稱之。」杜欽傳云：「覽宗、宣之饗國。」韋昭注：「宗，殷高宗也；宣，周宣王也。」徐福傳云：「出爵不待廉茂。」梁玉繩云，「孝廉茂材，稱廉茂。」此皆錯舉之例也。

漢書徐樂傳載樂上書云：「名何必夏、子，俗何必成、康？」服虔曰：「夏，禹也；子，湯也，湯，子姓。」樹達按：並舉國號，則當云「夏、商」；並舉姓，則當云「姒、子」。今一舉國號，一舉其姓，以與「成、康」對文，亦可謂參錯極矣。史通稱司馬長卿爲馬卿，亦殊錯落。

伯夷、叔齊通稱夷、齊，而風俗通正失篇云：「袁、彭淸擬夷叔，政則冉、季。」冉、季謂冉有、季路，夷、叔則謂伯夷、叔齊也。魏志王昶傳載昶戒子書云：「若夫山林之士，夷、叔之倫，甘長饑於首陽，安赴火於縣山。」亦以夷、叔爲稱。伊尹、周公通稱伊、周，而後漢書崔琦傳云：「今將軍累世台輔，任齊伊、公。」伊、公，李賢注謂伊尹、周公。古人行文參錯，不尚整齊如此。清擬夷、叔，任齊伊、公，可謂巧對。

馬融長笛賦云：「彭、胥伯奇，哀、姜孝己。」彭、胥謂彭咸、伍子胥也。潘岳夏侯常侍誄云：「子之承親，孝齊閔、參。」閔、參謂閔子騫、曾參也。江淹別賦云：「雖淵、雲之墨妙，嚴、樂之筆精。」嚴、樂謂嚴安、徐樂也。皆兩名連舉：一稱其姓，一稱其名或字，參錯不齊。

二十五　以母名子例

俞氏書卷三稱謂例，歷舉以父名子、以夫名妻、以父名女、以母名女、以子名母諸例，而獨不及以母名子之例，故今補之。

漢臨江王榮爲栗姬之子，故稱栗太子；戾太子母衞氏，稱衞太子：此皆以母名子之例也。

二十六　祖孫同號例

古書中往往有一名或稱其祖或稱其孫者，此讀者所最易致惑者也，今特舉例言之。

國語晉語四云：「昔少典取於有蟜氏，生黃帝、炎帝。」賈逵云：「炎帝，神農也。」韋昭云：「神農，三皇也，在黃帝前；黃帝滅炎帝，滅其子孫耳，明非神農可知也。」史記五帝本紀云：「以與炎帝戰於阪泉之野，然後得其志。」正義云：「謂黃帝克炎帝之後。」按：正義即本韋昭之說。據此神農稱炎帝，其後世亦稱炎帝，故封禪書索隱引鄧展云，「神農後子孫亦稱炎帝，」是也。

易泰六五云：「帝乙歸妹，以祉元吉。」後漢書荀爽傳引此文而釋之云：「婦人謂嫁曰歸。言湯以娶禮歸其妹於諸侯也。」則此帝乙謂湯也。書酒誥云：「自成湯咸至於帝乙，成王畏相，惟御事厥棐有恭，不敢自暇自逸。」此帝乙或以爲紂父，檀弓疏云：「先儒注皆以爲紂父，江聲主其說。」或以爲湯六世之孫祖乙。考史記云：「帝祖乙立，殷復興，巫賢任職。」與書「成王畏相」云云相合。若是紂父之帝乙，則史稱「帝乙立，殷益衰」，明非令主，書文不當稱之。故白虎通姓名篇云：「易曰『帝乙』，謂成湯；書曰『帝乙』，謂六代孫也。」此酒誥帝乙爲祖乙之明證，則此帝乙謂祖乙也。左傳哀公九年云：「微子啓，帝乙之元子也。」史記殷本紀云：「帝乙長子曰微子啓，少子辛，」則此帝乙又謂紂父也。同一「帝乙」之名，始祖之成湯用之，六世孫之祖乙用之，十六世孫之紂父復用之，學者焉得而不迷亂哉！

史記秦本紀云：「寧公遣兵伐蕩社，三年，與亳戰，亳王奔戎，遂滅蕩社。」集解引徐廣曰：「蕩，音湯。」又引皇甫謐曰：「亳王號湯，西夷之國也。」索隱云：「西戎之君號曰亳王，蓋成湯之胤，其邑曰蕩社。」按：據此，亳王爲成湯之胤，亦號曰湯，亦孫用祖號也。

左傳僖五年云：「太伯、虞仲，太王之昭也。」杜注云：「太伯、虞仲，皆太王之子。」是仲雍稱仲也。史記吳太伯世家云：「乃封周章弟於周之北故夏虛，是爲虞仲。」索隱云：「仲雍稱虞仲，今周章之弟亦稱虞仲，所以祖與孫同號。」樹達按：吳太伯世家云：「仲雍卒，子季簡立；季簡卒，子叔達立；叔達卒，子周章立。」然則周章弟之虞仲，實仲雍之曾孫，而亦稱虞仲，是與其曾祖同號也。

史記秦本紀云：「公伯立三年，卒，生秦仲。秦仲立，周宣王卽位，乃以秦仲爲大夫，誅西戎，西戎殺秦仲。秦仲立二十三年，死於戎。」毛詩序云：「車鄰，美秦仲也。秦仲始大，有車馬禮樂侍御之好焉。」此秦之祖名秦仲者也。封禪書云：「南山巫祠南山秦中。秦中者，二世皇帝。」按「中」與「仲」同，此秦之孫名秦仲者也。

史記項羽紀云：「乃求楚懷王孫心，立以爲楚懷王，從民所望也。」樹達按：「懷」本謚號，以謚名生存之人，固爲不經；然以孫而襲祖號，乃振古如茲，非當時創舉也。

二十七　記言省曰字例

凡記言用「曰」，此通例也；然古書中多有不用「曰」字者。如史記張釋之傳云：「王生老人曰：『吾韤解！』顧謂張廷尉『爲我結韤！』」「顧謂張廷尉」下省「曰」字。漢書高祖紀云：「拔滎陽城，生得周苛。羽謂苛：『爲我將！以公爲上將軍。』」「羽謂苛」下當有「曰」字，而省去。按史記項羽本紀作「項王謂周苛曰」，「曰」字不省。惟此二例句中皆有「謂」字，雖省「曰」字，讀者尚不至誤解耳。

史記留侯世家云：「劉敬說高帝曰，『都關中，』上疑之。左右大臣皆山東人，多勸上都雒陽，『雒陽東有成皋，西有殽、黽，倍河，向伊、雒，其固亦足恃。』」按「雒陽東有成皋」一四語上無「曰」字，初若史家記事之詞；然細按之，實是左右大臣勸都雒陽之語。下文留侯曰：「雒陽雖有此固，其中小，不過數百里；田地薄，四面受敵，非用武之國也。」正是駁難左右大臣之詞，可以證矣。史記屈原傳云：「懷王稚子子蘭勸王行，『奈何絕秦歡？』」「奈何絕秦歡」，子蘭勸王之語也，上亦省「曰」字。又灌嬰傳云：「漢王乃擇軍中可爲車騎將者，皆推故秦騎士重泉人李必、駱甲習騎兵：『今爲校尉，可爲騎將。』」按「今爲校尉」二語，乃推舉者之詞，亦省去「曰」字。

漢書周亞夫傳云：「亞夫爲河内守時，許負相之：『君後三歲而侯，侯八歲爲將相，持國秉，貴重矣，於人臣無二。後九年而餓死。』」按「君後三歲而侯」以下，許負相亞夫之語也。史記周勃世家有「曰」字，而班省去之。

二十八　大夫稱人例

論語八佾篇云：「子入大廟，每事問。或曰：『孰謂鄹人之子知禮乎？入大廟，每事問。』」集解：「孔安國曰：『鄹，孔子父叔梁紇所治邑也。』」左傳襄公十年云：「縣門發，郰人紇抉之以出門者。」杜注云：「紇，郰邑大夫，仲尼父叔梁紇也。」孔疏云：「紇爲郰邑大夫，公邑大夫皆以邑名冠之，呼爲某人。」左傳昭公九年云：「周甘人與晉閻嘉爭閻田。」杜注云：「甘人，甘大夫襄也。」孔疏云：「孔子父叔梁紇爲鄹邑之長，論語稱孔子爲鄹人之子，是典邑大夫，法當以邑冠之而稱人，知此甘人即是下文甘大夫襄也。」又，昭公二十年云：「王召奮揚，奮揚使城父人執己以至。」孔疏云：「服虔云：『城父人，城父大夫也。』」又，昭公二十一年云：「廚人濮曰：『軍志有之曰：「先人有奪人之心。」』」杜注云：「濮，宋廚邑大夫。」按諸例，在後世文字，必稱甘大夫、城父大夫、廚大夫者，而文皆稱爲人，此古今文法之殊異，最易使人疑惑者也。

上舉諸例，稱鄹人，稱甘人，稱城父人，或兼舉大夫之名，如鄹人紇，廚人濮是也。亦有兼舉邑名及大夫之名而不言人者。左傳定四年云：「武城黑謂子常曰：『吳用木也，我用革也，不可久也，不如速戰。』」杜注云：「黑，武城大夫。」又定十年云：「初，衞侯伐邯鄲午於寒氏。」杜注云：「午，晉邯鄲大夫。」是其例也。依鄹人紇、廚人濮之例，此二文當云武城人黑、邯鄲人午，而皆省去「人」字也。

古書疑義舉例校錄

古書疑義舉例校錄目錄

古書疑義舉例校錄

杭縣　馬敍倫

德清先生古書疑義舉例，發蒙百代，梯梁來學，固縣之日月而不刊者也。諷籀所及，小有懷陳，爰記札耑，以待商兌，敢方著糞，非比續貂；茲從迻錄，付之梓人。一九一八年六月敍倫謹識。

一　上下文異字同義例

第五條　是「道」與「首」字通。謹案說文：「道，所行道也。從辵首。」段玉裁云：「首者，行所達也。首亦聲。」王筠、苗夔並同。嚴可均云，「當作首聲」是也。故周書、荀子並省作「首」字。

第七條　案「後」與「厚」同義。謹案黃生云：「后從石從一，疑卽古文『厚』字。石者土之屬，物莫厚於土，『一』，指其事也，故天曰皇天，地曰后土，皆尊大之詞。」其說是也。說文：「厚，山陵之厚也。從厂㫗聲。」（段玉裁云：「㫗亦聲。」然段云：「㫗當訓篤，」則與山陵義無關，但取㫗聲。）爲後起形聲字。垕從后土，后猶石也。又部：「反，古文作戹，」知𠂆卽古文「厂」，尚書，「擊石，」唐寫本經典釋文曰：「石古作后。」此后卽古文「石」之證。墨子非攻篇曰：「則是鬼神之喪其主后。」洪頤煊謂：「后當爲石，主石卽主祏。」不悟墨子多存古文，后卽古文「石」字也。石部：「磬，古文作硜。」右旁卽后字，（汪刻小徐本無此文，祁刻作硜同，韵會引大徐本作「硜」，尋說文古文「巠」作「坙」，則古文「磬」當作「硜」，惟大徐誤從爪，則似從坙矣。磬從石，硜從后者，如迹或從足責作蹟之例，許書甚多。）明后卽石矣。說文后字下解語極迂回。又后部所屬，僅一「垢」字。「垢」訓厚，怒也。明取義於厚薄，不取義於君后也。若是君怒爲垢，古無其徵。「后石」一字，假借爲厚薄之偁；因爲帝后之義所專，乃作「從后（卽古文石字）從土」之「垕」。石在土上爲「垕」，於六書爲會意。（段謂后聲，由不明后乃古文石字。）及形聲之「厚」作而「垕」廢，更無知「后」爲「厚」初文矣。后、厚既是一字，古多借「后」爲「後」，則「後」亦可借爲「厚」。莊子列御寇注：「靜而怯乃厚其身耳。」釋文：「厚本作後，」亦借「後」爲「厚」也。

二一　上下文同字異義例

第一條　玉藻：「既搢必盟，雖有執於朝，弗有盟矣。」上「有」字乃有無之「有」，下「有」字乃「又」字也。言雖有執於朝，不必又盟也。謹案：「雖」當爲「唯」，古書通用。少儀：「雖有君賜。」雜記：「雖三年之喪可也。」鄭注並曰：「雖讀或爲唯，」是其證。下「有」字借爲「爲」。晉語，「其有吉孰大焉？」春秋昭五年左傳，「有」作「爲」，莊子大宗師，「莫然有間。」音義曰：「有或作爲。」是其例。此言唯有執於朝者，弗爲盟也。

第二條　「已茲酒，惟天降命，」此二句乃倒句。謹案：「肇我民」兩句文法，與「祀茲酒」兩句同，則亦倒句也。猶言惟此元祀與民更始耳。

三　倒句例

第一條　昭十九年左傳：「諺所謂室於怒市於色者。」謹案：所舉是倒用字法，非倒句也。

第二條　與莊子在宥篇：「萬有億喪」同一句法。謹案：郭象本作「萬有餘喪」。各本同。此作「億喪」，疑字譌。又莊子原文云：「一不成而萬有餘喪矣。」郭注云：「故一身既不成，而萬方有餘喪矣。」增身字方字解之，仍未安。此句如今語「一不成而壞萬有餘」，則亦倒字，非倒句。

第三條　謹案：所舉皆倒字，非倒句。

第四條　漢書諸侯王表：「厥首稽首。」謹案：漢書作「厥角䭫首，」此上「首」字，是「角」字譌。（䭫作稽，疑所據本然，又注中作稽，或依注用今字也。）

第五條　謹案：所舉亦倒字，非倒句。

四　錯綜成文例

第一條　如論語：「迅雷風烈。」夏小正：「剝棗栗零。」謹案：黃式三曰：「說文：『颲颲風雨暴疾也。』颲讀若烈，烈爲颲之借字。」黃說是也。聞之迅，故知其雷；知其風，故以爲颲。然則此是古人文字嚴質處，非錯綜辭例。夏小正「剝棗」傳曰：「剝也者，取也。」「栗零」傳曰：「零也者，降零而後取之，故不言剝也。」（從傳崧卿本；各本降下有「也」字，不安，王筠論之矣。）蓋棗須就樹取之，故云剝棗。（參詩「八月剝棗」正義，惟桂馥謂剝，說文云：「裂也。」言棗孰蔕坼裂而落，有似於栗。）栗降零而後取之，故云栗零。（王筠夏小正正義引黃叔琳曰：「東觀書曰：『栗駭蓬轉。』蓋栗房秋孰罅發，其實驚躍如爆，去根幹甚遠，所謂栗駭與。」）然則栗房多刺，古人不知開房之法，必候栗自零落，然後取之。是此亦是古人質直，就事理而立言，非故爲此，若錯綜然也。

第七條　五石之與六鷁，亦錯綜以成文。夏小正：「梅杏杝桃則華緹縞。」上句先言梅杏杝桃而後言華，下句先言緹而後言縞，蓋古人之辭，往往有此。謹案：五石六鷁之辭，公羊義不可破。「緹縞」傳曰：「縞者，莎隨也。緹也者，其實也。先言緹而後言縞，何也？緹先見者也。」王聘珍謂「『實』當爲『色』，聲譌也。」謂緹爲縞之色也。孫星衍謂「先見色而知其物，」卽是先言其緹耳。尋說文「緹帛丹黃色」，然則緹縞言丹黃莎也，猶曰黃華白華，亦非故爲錯綜，以異於梅杏杝桃則華也。（孔廣森曰：「曰『則』者，盡其辭也，蓋猶曰盡華矣。」）

五　兩語似平而實側例

第四條　尋趙氏之意，謂趨由於蹶。「今夫蹶者趨者」，猶云大凡顚蹶之人，皆是趨走之人。謹案：趨由於蹶，疑「趨蹶」兩字互譌。「趨」，說文：「走也。」經傳多用爲疾走之義。「蹶」，說文：「僵也。」是僵仆乃由疾走之故。然孟子意，乃謂蹶者趨者，皆動其心，諭之躬行而可知也。蹶者在上，正舉其重。趙注不解趨字，但解蹶字，「今夫行而蹶者，氣閉不能自持，」亦說蹶者也。似此詞實平列，非前舉數端同例。

六 兩句似異而實同例

第四條 趙注：「豫亦遊也。」案：「不遊不豫，」變文以成辭而無異義。又案：「亡」當讀爲「芒」，趙氏不知「亡」爲「芒」之叚字，故解亡字曰：「若殷紂以酒喪國也。」謹案易繫辭：「其辭游。」荀爽注：「游，豫之屬也。」尋「游」，爲旌旗之流，「豫」，象之大者，義不相屬。蓋「游」古文作「遻」，從辵，有行義，故爲遊行。豫與游，以雙聲爲義耳。又案：流連之義既一，荒亡之旨亦同。流連以雙聲舉義，荒亡以叠韵成辭。「荒」借爲「亡」，書微子：「天毒降災荒殷邦。」史記宋世家「荒」作「亡」，是其例證。莊子繕性：「雖樂未嘗不荒也。」猶「未嘗不亡」，亦「荒」借爲「亡」之證。然則趙注未誤。（第五條引詩關雎篇，「流求」亦叠韵。）

第五條 校傳云：「殛、竄、放、流，皆誅也。異其文，述作之體。」謹案：「流」「放」

均逐去之義。「竄」，說文：「匿也。從鼠在穴中。」竄三苗於三危，放之令自匿耳。孟子作殺三苗者，「殺」是「⿱殺米」之省文。說文：「⿰米悉⿱殺米散之也。」然則曰「竄」，曰「殺」，亦是放逐之義。「殛」者，說文曰：「殊也。」「殊」，死也。然左傳曰：「流四凶族，投諸四裔。」屈原曰：「永遏在羽山，夫何三年不施。」（王注言長放鯀於羽山，絕在不毛之地，三年不舍其罪。）鄭志答趙商曰：「鯀非誅死，鯀放居東裔山，死不得反於朝，禹乃其子也，以有聖功，故堯興之。」尋是諸文，鯀非誅死。惟呂氏春秋行論曰：「殛之於羽山，副之以吳刀。」然高注曰：「書云鯀乃殛死，先殛後死也。」是誘亦以殛之時，鯀未死也。蓋「殛」乃「極」之借字，故書洪範釋文、左昭七年傳釋文，並曰：「殛本作極。」「極」者，致也。（文選東京賦薛注）言致之羽山耳。（說文：「致，送詣也。」）又儀禮大射儀：「朱極三。」注：「極猶放也。」則極鯀亦言放鯀矣。枚傳曰：「殛、竄、放、流，皆誅也。」「誅」謂討治之。

第六條　案：卓，亦約也。莊子大宗師篇郭象注曰：「卓者，獨化之謂也。」是卓有獨義。說苑君道篇：「踔然獨立。」「踔」與「卓」同。「卓約」本疊韵字，莊子之「淖約」，上林賦之「綽約」，並其證也。謹案說文：「卓，高也。踔，踶也。」並無獨義。獨化獨立字皆爲犨，說文：「犨，特止也。」法言「卓約」，誠以叠韵舉義，然是以卓從約，約與多對。至若莊子之「淖約」，上林賦之「綽約」，管子水地「淖弱以淸」之「淖弱」，（文選運命論注引「弱」作「溺」。）其爲叠韵連字同而義殊矣。

七　以一字作兩讀例

第二條　按上「白」字當重讀，如此則文義自明，亦不必疑其有闕文矣。謹案：孟子集註曰：「異於二字，疑衍或闕文。」金履祥孟子集註考證曰：「江西儒者謂『異』字自是一句。今案告子以『彼白而我白之』，喻『彼長而我長之』，孟子謂此二字不同，不可引以爲喻，故曰『異』。又因謂于白馬之白，白人之白，同可謂之白；若長馬之長，與長人之長，豈可同以爲長乎？是詆其以白喻長之爲異也，然後正問之曰：『長者義乎？長之者義乎？』則長之之心須在內也。王文憲曰：『只此一句分曉。』」又翟灝云：「『異於』二字絕句，蓋歎告子之說可怪異，如論語：『異乎吾所聞也。』梁惠王篇：『王無異於百姓之以王爲愛也。』此『異於』二字之見於本書者。『於』，亦語之句絕，則著例於爾雅釋詁。」竊謂二說非也。趙註「異於白馬之白也，無以異於白人之白也」云：「孟子曰：『長異於白，白馬白人，同謂之白可也。』」趙正重讀一「白」字，說解甚順，疑趙時孟子本重「白」字，如金說「異」字絕句，固得，「於」字屬下，語氣不順，且下明有「無以異於長人之長」，句法正同，安得一被分剝，一爲聯綴乎？如翟說「於」字當讀爲「乎」，（於、乎通用，盡心篇：「同乎流俗，合乎汚世，」論衡引兩乎字，並作於。）如「季孫曰異哉」之例，若「於」爲發聲詞，或歎詞絕句者，其例罕徵，況亦難解於下句乎？

八　古人行文不避繁複例

第二條　謹案：釋文云：「九家亦作冊。卽借冊爲頤。（冊　責聲　同部。）然說文無「賾」字，蓋「頤」字之誤。「頤」借爲「夥」，史記陳涉世家：「『夥頤，涉之爲王沈沈者！』楚人謂多爲夥，故天下傳之。夥涉爲王，由陳涉始」漢書無「頤」字，蓋「頤」聲古讀與「夥」近，讀者旁注以釋夥音，故史記不釋「頤」字，漢書亦無「頤」字，此頤、夥通假之證。繫辭此文，前後凡兩言「天下之頤」，「天下之動」，皆「頤」「動」對舉，此亦宜然。鄭、虞說是也。「夥」、「惡」，歌魚叶音，「動」、「亂」，東元叶音；「夥」、「亂」，亦歌元對轉叶音，「動」、「惡」，亦東魚旁轉叶音。

第四條　墨子尚賢、尚同、兼愛，各分上、中、下三篇，而文字相同者居半，此亦古人不嫌繁複之證。謹案：俞樓雜纂卷三十四，論墨子三篇如一篇曰：「讀韓非子顯學篇云：『自墨子之死也，有相里氏之墨，有相夫氏之墨，有鄧陵氏之墨。故孔、墨之後，儒分爲八，墨分爲三。』然後知今之墨子書有三篇如一篇者，乃合三家爲一。此三家傳述文字不同，故每篇各分上、中、下三篇，以別異之也。」是先生後已不以此數篇爲古人行文不避繁複之例矣。

九　語急例

第三條　「累」、「解」二字同義，猶「和」、「調」二字亦同義。謹案：「和」借爲「龢」。說文：「龢，調也。」「調，龢也。」二字固同義，若「累」之本字作「絫」。說文云：「增也。一曰絫，十黍之重也。」（此據段玉裁說，孟子：「係累其子弟，」則「纍」之隸變亦作「累」。）與「解」不相應，疑「絫」與「觿」聲同部，借爲「觿」。說文：「觿佩角鋭耑，可以解結。」引伸有解義。管子白心：「事有適而無適若有適，觿解不可解而後解。」正「觿解」連文。

十　一人之辭而加曰字例

第三條　亦有非自問自答之辭，而中間又用「曰」字以別更端之語者。謹案：所舉之辭，其又用「曰」字者，蓋當讀爲「唯」。

十一　兩人之辭而省曰字例

第二條　後儒遂生異說，以此一節皆爲季孫之言，失之甚矣！讀者不能辨別，遂以「傳曰」、「公明儀曰」兩說，皆孟子所徵引，失之甚矣！謹案：四書集註，不依趙注，以季孫、子叔爲孟子弟子，以通節皆引季孫之言，而云：「季孫、子叔疑不知何時人。」金履祥謂：「季孫卽魯季孫，子叔疑不知何人，當在春秋後。」全祖望謂：「季孫子叔，本非是時人，以爲季孫聞孟子之辭萬鍾方異之，子叔亦從而疑之，趙注之謬，未有甚於此者也。」李惇謂：「季孫卽季平子，子叔疑卽子叔聲伯玄孫子叔詣，亦卽穀梁傳之叔倪。」竊謂集註雖不從趙注，而謂季孫、子叔不知何時人，猶愼之；全謂本非是時人，未有說證；李說於名氏雖有偶合，而「使己爲政」以下，亦無援證；相度上下文義，亦不應以此一節通爲季孫之言，自當如趙注爲通順耳。公明儀，趙注謂魯賢人，金履祥謂自公明宣學於曾子，而公明高、公明儀皆見稱於孟子。高，曾子門人。儀與孟子，年輩相及。閻若璩謂公明儀見檀弓注，子張弟子；見祭義注，又曾子弟子。公明高亦曾子弟子，疑高與儀爲兄弟。宋翔鳳謂「孟」與「明」通，即墨子公孟篇之公孟子。竊謂孟子受業子思之門人，（何秋濤孟子編年考：「魯穆公三十三年卒，孟子九歲，是時子思在衞，事見通鑑。」）蓋誤也。伯魚之卒，至此將百年矣。然孟子自言：「魯穆公無人乎子思之側，則不能安子思。」而史記孔子世家：「伯魚年五十，先孔子卒，又子思年六十二。」考孔子卒於魯哀公十六年，歷悼公、元公至穆公元年，已得七十年，則子思已前卒，安得及見穆公？然孟子去春秋不遠，何致有誤？疑子思年六十二，「六」當爲「八」，形近而誤，如此則子思及爲穆公所尊禮矣。孟子生於穆公二十五年，必不及師事子思。荀子大略篇：「公行子之之燕，遇曾元於塗。」楊倞注引孟子曰：「公行子有子之喪，右師往弔。」一尋公行子，即公孟子，亦即公明子高，與儀俱爲曾子弟子，曾元則曾子子也。孟子及見公行子與曾元，蓋爲曾子門人之弟子。）而公明儀，曾子弟子，於孟子爲先輩，故孟子屢稱之。此「傳曰」「公明儀曰」，自是孟子所引，與上引成覸、顏淵、公明儀之說答滕文公者一例。僞孫疏說似不誤，即趙注之意亦然。周霄聞孟子「三月無君則弔」之說，怪而先問；次乃問及「出疆載贄」之義，語氣緩急亦甚明。若是周霄有此二說，卽可次弟而問矣。惟「三月無君則弔不以急乎」與「出疆必載贄何也」是周霄問語，不加「曰」字省文。

十二　因此以及彼例

第三條　然則女弟謂之姨；正以聲近而義通。謹案：說文「鵜」之重文爲「鴺」，「荑」之重文爲「苐」，（苐，說文作䕫，荑、苐爲一字，說詳拙箸說文解字六書疏證。）周禮夏官薙氏，鄭君讀如鬀小兒頭之「鬀」，故書「薙」或作「荑」，薙從雉聲，說文「雉」重文作「𨾔」，然則「弟」、「夷」古同聲，妻之女弟謂之姨者，合「女弟」二字爲之，卽「娣」字也。以娣爲夫同出之女弟，則取同聲之夷字，別作姨字，其實娣、姨同義，皆謂女弟耳。

十三　古書傳述亦有異同例

第二條　小匡一篇，多與齊語同。蓋管氏之徒，剌取國史以爲家乘。謹案：董增齡國語正義謂：「齊語一篇，皆管子小匡篇之文。管子遠出左氏前，必不豫知國語之文而襲之，疑齊語全亡，後人采小匡以補之。」正與此說相反。竊謂：齊語但紀桓公伯業，文又與國語不類，（本陶望齡說）似董說爲長。

第三條　疑此五十八字，乃他書之錯簡，莊子應帝王篇卽用此篇文，止列首三句而總之曰：「淵有九名，此處三焉。」蓋以其與本篇文義無關，而古本相傳，又不敢竟從芟薙，姑存大略耳。謹案：今本列子，非漢志箸錄之舊，高似孫、黄震以來，疑者極衆，近人何治運列舉五證以明出晉人僞作，皆塙然是當，間亦嘗列二十事證其僞，（見拙箸列子僞書考。此文成時，未見何說，故有數事，已爲何氏所明。）其一則九淵之文也。列子此文，全襲莊書而作僞者，未悉莊子之旨，致於莊子所削者，舉而列之，自顯敗闕。蓋莊子此章之旨，如佛家所謂「止觀」。成玄英、林希逸、德清俱已明之。三機正當三止三觀，其意亦與南嶽智者所說相契，於古說九淵之中，獨取三淵以爲比擬，非是全無干涉所爲；不列九淵全名，正以其他無關耳。僞作列子者不達，則取爾雅、淮南雜而成之。九淵雖具，而文旨已絕矣，似非古書傳述亦有異同之例。

十四　稱謂例

第六條　禮記祭義篇：「易抱龜南面。」鄭注曰：「易，官名。」按此亦以事目其人，非必官人也。謹案：易，卽周禮太卜掌三易之易，蓋以官所執之事名其官也。然亦有徑以官名其人者，史記夏本紀：「禹乃遂與益、后稷，奉帝命，命諸侯百姓，興人徒以傅土，行山表木。」新書亦有禹、羿、稷並舉之文，益卽羿也。（益爲羿之假借字，詳余撰讀書續記。）羿爲射官，卽尚書所謂虞也。（虞爲射之假借字。）是時大費爲伯益，棄爲后稷，不曰大費棄而曰益稷者，以其官名其人也。

十五　以雙聲疊韻字代本字例

第一條　「戎」與「汝」雙聲。謹案：「爾」「女」字無本字，作「爾女」者，許書所謂本無其字，依聲託事，乃假借正例。然其字卽無正字，凡音近者，皆可通假，故戎、汝皆借爲之。若以本字言之，汝，水名，與戎，兵也，均非「爾」「女」本義，似當別爲一例。

第二條　篤者，厚也。言天厚降災咎以亡殷國也。篤與毒疊韵。謹案：說文：「篤，馬行頓遲也。」是篤無厚義，經傳訓厚也，皆假借爲「竺」也。說文：「竺，亯也。」「毒」，說文：「厚也，害人之艸，往往而生。從屮毒聲，𥳑，古文『毒』，從刀䈏。」（據段本）然則宋世家作「篤」者，非借爲「竺」，乃借爲「毒」也。然「毒」之本義，疑爲害人之艸，故從屮毒，「毒」，艸盛上出也。正與「往往而生」義合。（往當作㞷。）毒亦聲。（說文云：「從屮毒聲」者，當以「從屮毒」爲句，「聲」一字句，說詳說文六書疏證。）蓋害人之艸，往往而生，是毒本義；厚也，是假借之義。抑觀古文作「䈞」，與害人艸往往生者，殊無交涉。段玉裁謂：「從刀者，刀所以害人者也。從𥫔爲聲。」亦仍與艸無涉。且此篆作「䈞」者，王筠謂段改徐鍇本也。考鍇本，則汪啓淑槧者作「䈞」，祁嶲藻槧者作「䈞」，據鍇云：「竹亦有毒，南方有竹，傷人則死，𥫔聲也。」則鍇本是從竹不從艸。蓋鍇以爲從刀𥫔聲，桂馥引竹譜、異物志等，以證南方有竹傷人則死之說，然與厚義亦無涉。徐鉉本此篆作「䈞」，宋保、王筠並謂從屮副聲，說較善矣，而亦與厚無涉。又鉉、鍇兩本並云從刀，則不得以爲從艸，自當以段本作「䈞」者爲正。從刀𥫔，𥫔，亯也。是「毒，厚也」之訓，乃釋𥫔字。然則「䈞」非「毒」之古文，其字從刀，未諦何義？亦未審何時羼入屮部爲「毒」之古文？由此言之，是書之作「毒」，史記作「篤」，並非正字，爲「竺」或「𥫔」之假借耳。

第三條　「卜」之訓「予」，雖本爾雅，然其義絕遠。余嘗疑此「卜」字，即檀弓「卜人師扶右」之「卜」，當讀爲「僕」。僕者，古人自謙之辭，故訓「予」，與「台」「朕」「陽」一例，非賜予之「予」也。謹案爾雅釋詁：「台、朕、賚、畀、卜、陽，予也。」郝懿行謂：「『予』既訓『我』，又爲『賜與』。說文：『予，推予也，象相予之形。』然則台、朕、陽，爲予我之『予』，賚、畀、卜，爲賜予之『予』，一字兼包二義。」竊謂郝說非是。「台」者，「貽」之省文，說文無「貽」字，「詒」下一曰「遺」也，卽「貽」字義。是說文應有「貽」字也。「朕」與「㑞」並從灷聲，借爲「㑞」，說文：「㑞，送也。」今謂予人爲送人，是㑞有予義。「陽」者，㑞之轉，禮檀弓：「杜蕢洗而揚觶。」注：「禮揚作媵。」燕禮：「升媵觚于賓。」注：「媵讀或爲揚。」是昜聲灷聲通轉之證。燕禮之「媵」，卽爾雅之「朕」；檀弓之「揚」，卽爾雅之「陽」也。「卜」可借爲「僕」，卽可借爲「𢍰」，詩之「卜爾百福」，猶𢍰爾百福。（𢍰讀若頒，今皆借「頒」爲之，此以讀若字代本字。）傳箋訓「卜」爲「予」，雖同爾雅，亦自知其爲「𢍰予」之義矣。

十六　以讀若字代本字例

第三條　凡讀若字義本得通，故彼此可以叚借也。謹案：讀若字與本義有若可通者，如「吅」讀若「呶」，（據徐鉉本）「囂」讀若「讙」，是也。有絕不通者，如本條所舉「阮」讀若「昆」，阮爲代郡五阮關，昆爲同也。「若」「爲」得通。又如上條「像」讀若「養」，而像爲象也，養爲供也，亦非可通。蓋僅以聲近相叚借耳，非義本得通也。

十七　上下文變換虛字例

第二條　禮記檀弓篇：「爲爾哭也來者，拜之，知伯高而來者勿拜也。」案：韋昭注國語周語曰：「知政，猶爲政也。」高誘注呂氏春秋長見篇曰：「知，猶爲也。」「知伯高而來者」，猶曰「爲伯高而來者」，與「爲爾哭也來者」相對成文，特虛字不同耳。正義曰：「若與伯高相知而來哭者，」則誤解知字，而兩句不一律矣。謹案曲禮曰：「知生者弔，知死者傷。知生而不知死，弔而不傷；知死而不知生，傷而不弔。」此文爲爾哭也來者，即知生而不知死者也；知伯高而來者，即知死而不知生也。然則知字爲正義。釋文曰：「來者一本作爲爾哭也來者。」是陸所據本無哭字，則「爲爾也來者」，正猶「知爾也來者」，「爲」當訓「知」，「知」不當訓「爲」。

十八　上下兩句互誤例

第八條　老子第十章：「愛民治國，能無知乎？」又曰：「明白四達，能無爲乎？」按上句當作「無爲」，下句當作「無知」，易州刻石本正如此，而王弼本誤倒之，至河上本，兩句皆作「無知」，則辭複矣。謹案：「能無知乎」？傅奕本作「能無以知乎」？范應元古本同。范謂王弼同古本。諭弼注曰：「治國無以智，猶棄智也，能無以智乎？則民不辟而國治之也。」是王與傅同。今本經文，由後人妄改，幸注文尚可諭也。成玄英道德經義疏曰：「知，分别智也。」又引下文「以智治國，國之賊」爲說，是成本亦作「能無以知乎」！宋刊河上本作「能無知」，今本作「能無爲」，蓋後人依石刻改，不可據。

十九　上下兩句易置例

第四條　按「惚兮恍兮」兩句，當在「恍兮惚兮」兩句之下。謹案莊子至樂云：「芒乎芴乎而無從出乎？芴乎芒乎而無有象乎？」義本老經。「芒芴」即「恍惚」，「芒乎芴乎」即「恍兮惚兮」，（乎從兮，象聲上越揚之形。）莊亦「芒乎芴乎」，在「芴乎芒乎」之上，可據以正也。

二十　字句錯亂例

第十條　莊子大宗師篇：「俄而子輿有病，子祀往問之。」按子輿當作「子來」，淮南精神篇作「子求」，抱朴子博喻篇作「子永」，並子來之誤。下文「俄而子來有病」，當作「子輿有病」。謹案：莊子此文不誤，自是淮南襲用莊子，有所改耳；不當轉依淮南改莊子。抱朴子曰：「子永歎天倫之偉。」天倫自指子來，所謂「父母於子，東西南北，惟命之從」云云，則葛所見莊文與今本同。

二十一　不達古語而誤解例

第二條　旅距，古語也。後漢書馬援傳：「黠羌欲旅距。」李賢注曰：「旅距，不從之貌。」亦或作「據旅」。大戴禮曾子制言篇：「行無據旅。」言其行之無所違也。謹案：沈濂謂「旅距，即莊子列禦寇篇『一命而呂鉅』之『呂鉅』。」（懷小編）俞正燮謂「呂鉅，謂其脊呂強鉅也。呂鉅即彊梁。」（癸巳存稿）郭嵩燾謂「方言：『䟫呂，長也。』說文：『鉅，大剛也。』亦通作巨，大也。呂鉅謂自高大。」（莊子集釋引）尋說文：「呂」為古文，「膂」為篆文，則「旅」即「膂」之省文，「呂」、「旅」實一字耳。「鉅」、「距」並從巨聲，故得通假，「呂鉅」義，俞說是也。莊子以「一命而呂鉅」，對上文正考父「一命而傴」，而謂其強梁不屈耳。

二十二　兩字一義而誤解例

第一條　詩天保篇：「俾爾單厚。」傳曰：「單，信也。或曰，單，厚也。」箋曰：「單，盡也。」按傳、箋三說，當以訓「厚」爲正。謹案：單爲繟省，說文：「繟富繟繟貌，从奢單聲。」

第七條　襄三十一年左傳：「寇盜充斥。」按：充、斥同義。充，大也，見淮南說山篇、呂氏春秋必己篇高注。斥，亦大也，見文選魏都賦李善注。謹案淮南原道訓：「柝八極。」高注曰：「柝，開也，讀爲重門擊柝之柝。」莊子田子方篇：「揮斥八極。」「斥」與「柝」並「㡿」之借字，說文：「㡿，開張屋也。」此「斥」字亦「㡿」之借。

二十三　兩字對文而誤解例

第四條　詩野有蔓草篇：「邂逅相遇。」綢繆篇：「見此邂逅。」按「邂逅」二字對文。莊子胠篋篇：「解垢同異之變多。」「解垢」即「邂逅」，與「同異」並言，是「邂逅」二字，各自爲義。謹案：莊子之「解垢」，乃「謑訽」之借字，此文本作「頡滑堅白，解垢同異之變多」。「堅白同異」，惠施、公孫龍所持之説也。「頡滑」爲「詰詘」之借字，（詳余撰莊子義證。）「詰詘堅白」，與「解垢同異」對文。「詰詘」「解垢」義同。呂氏春秋誣徒篇：「草木雞狗牛馬，不可譙訽遇之，（譙爲謑誤。）譙訽遇之，則亦譙訽報人。」此謑訽義同。

二十四　據他書而誤改例

第一條　禮記坊記篇引詩：「横從其畝。」按：毛詩作「衡從其畝。」傳曰：「衡獵之，從獵之。」釋文引韓詩作「横由其畝」。東西耕曰横，南北耕曰由，此經引詩，上字既用韓詩作「横」，下字亦必用韓詩作「由」，鄭君疑南北耕不可謂之由，故不從韓義，而别爲之説曰：「横行治其田也。」廣雅釋詁曰：「由，行也。」鄭訓「横由」爲「横行」，其意如此。後人據毛詩以改禮記，而注義晦矣。謹案：毛詩作「衡從」，韓詩作「横由」，「横從」即「横由」，義實無别，「横」、「衡」通假，古書例證甚多，不煩引徵。「由」可借爲「從」者，孫詒讓謂「由」「用」一字，（説見籀廎述林，惟於「用」字，仍從衞宏卜中之説，未是。詳拙箸說文解字六書疏證。）其所援證極塙。（古佚叢書本玉篇「由」字作「出」，卽「用」

之古文。傳寫微譌其形，又音餘同反，尤可證其爲「用」音。蓋「用」卽「墉」之本字，說亦詳六書疏證。）用、從聲並東類，故得通假。韓詩謂東西曰横，南北曰由，卽毛詩之「横從」。記者引詩，不必定從韓氏，而其時尚知從、由一義轉，可證也。鄭君殆不達其義矣。

二十五　誤增不字例

第二條　胠篋篇：「然則鄉之所謂知者，乃爲大盜積者也。」此卽上文而斷之；讀者誤據下文增「不」字，則文不成義矣。天道篇：「世人以形色名聲爲足以得之，夫形色名聲果足以得彼之情，則知者不言，言者不知，而世豈識之哉？」四十二字一氣相屬，今妄增「不」字，作「果不足以得彼之情」，則不相屬矣。達生篇：「世之人以爲養形足以存生，而養形果足以存生，則世奚足爲哉？」二十五字亦一氣相屬，「而」字當讀爲「如」，今妄增「不」字，作「而養形果不足以存生」，則不相屬矣。謹案：疑三「不」字，皆非妄增，胠篋篇之「不乃」，猶「不徒」也。（徒借爲乃，詳余撰莊子義證。）下文「則是不乃竊齊國」，謂「不徒竊齊國」也。此言爲大盜積者也，正起下文「並與其聖知之法而竊之」。天道之義，若云世人以形色名聲，爲足以得道之實。形色名聲，果不足以得道之實，則知道者必不言，以言者皆不離形色名聲也。言者必不知道，以所言者卽非道也。旣知者不言，言者不知，世人又豈能識之哉？達生所謂「養形」，卽是「爲世」，養形旣不足以存生，則世又奚足爲哉？義較明白。

古書疑義舉例增補

古書疑義舉例增補目錄

古書疑義舉例增補

姚維銳

小引

嘗讀德清俞樾所箸書，獨喜其古書疑義舉例，援引詳明，條理精密，昭然發千古之矇；老馬識途，所以迢迪來學者，至矣！近人儀徵劉師培申叔，長沙楊樹達遇夫，於是書皆相繼有所增輯，足以補俞氏之缺，意甚善也。不佞學慚窺豹，義存識小，謬欲師劉、楊二氏之指，稍事增補，庶亦古人有聞必錄之誼與？海內方家，不吝賜敎，所深幸也。

一九二五，一，二，自記於養志堂。

一　耦語中異字同義例（此與俞氏上下文異字同義例有別）

莊子山木篇曰：「天地之行也，運物之泄也。」此耦語也。按：「泄」與「動」義近。韓非揚榷篇：「根幹不革，則動泄不失矣。」是「泄」亦訓「行」，字異而義實同也。又大宗師篇曰：「神鬼神帝，生天生地。」此亦耦語也。按：「神」與「生」，字異而義實同也。說文云：「神，天神引出萬物者也。」又云：「出，進也，象草木益滋上出達也。」又云：「生，進也，象草木生出土上。」是「神」與「生」俱有引出之義明矣。又釋詁云：「神，重也。」說文云：「身，神也；」詩大雅篇云：「大任有身。」傳：「身，重也，」箋：「重，謂懷孕也。」可知懷孕爲生之始，義與引出亦相通也。

書皋陶謨：「烝民乃粒，萬邦作乂。」愚按：此耦語也。王引之云：「家大人曰，『魯頌駉篇毛傳曰：「作」，始也。廣雅同。作之言乍也，乍亦始也。』」經義述聞。禹貢：「萊夷作牧，」「雲夢土作乂。」王氏喬梓均訓「作」爲「始」。見同上。是「作」卽「始」無疑。又論語八佾：「起予者商也，始可與言詩已矣。」此「始」字，劉淇曰：「猶云乃也。」助字辨略。據此，則書言「作」與「乃」，實相對成文，異字同義，猶曰「烝民乃粒，萬邦乃乂」也。

禮禮器：「合於天時，設於地財。」愚按：此耦語也。國策秦策：「張樂設飲。」註：「設，合也」。廣雅亦曰：「設，合也」。漢石經「設」作「翕」，見隸釋。「翕」，亦「合」也，故知設於地財，猶言合於地財也。

淮南覽冥訓：「雷霆不作，風雨不興。」愚按：作，亦興也。易乾卦：「聖人作而萬物覩。」繫辭傳：「神農氏作。」馬註及虞註，俱訓「作」爲「興起」之誼。覽冥訓又云：「川

谷不澮，草木不搖。」考唐韻、集韻、韵會、正韵，澮並徒濫切，音啖，水搖動貌。據此，
則川谷不澮，猶云川谷不搖也。

二一　一字不成詞則加助語例

古人屬文，遇一字不成詞，則往往加助語以配之。若虞、夏、殷、周，本朝名，而曰有虞、有夏、有殷、有周，此加「有」字以爲語中助詞也。它如：書皋陶謨篇「亮采有邦」之「有邦」，「夙夜浚明有家」之「有家」，立政篇「乃有室」之「有室」，盤庚篇「民不適有居」之「有居」，多方篇「告猷爾有方多士」之「有方」，及詩賓之初筵篇「發彼有的」之「有的」，十月之交篇「擇三有事」之「有事」，皆因一字不成詞，加「有」字以爲助語也。詳見王氏經傳釋詞卷三。

詩雄雉篇，「道之云遠；」瞻卬篇，「人之云亡：」此「云遠」、「云亡」之「云」，亦助語也。因「遠」與「亡」不成詞，故加「云」字以配之也。昧者不達，訓「云」爲「言」，失之遠矣。

書皋陶謨篇，「百工惟時；」召誥篇，「無疆惟休：」「時」與「休」不成詞，則加「惟」

字以配之，亦其例也。

襄十七年左傳，「而何以田爲？」二十二年傳，「雨行何以聖爲？」晉語，「將何治爲？」楚語，「何不來爲？」論語顏淵篇，「何以文爲？」季氏篇，「何以伐爲？」莊子逍遥遊篇，「奚以之九萬里而南爲？」楚辭漁父篇，「何故懷瑾握瑜而自令見放爲？」荀子議兵篇，「何以兵爲？」韓子説林篇，「奚以薛爲？」皆因句末第二字不成詞，加助語「爲」字以配之。

參看劉淇助字辨略卷一。

詩天保篇，「如松柏之茂，無不爾或承，」此言無不爾承也。「或」字在句中無意義，此亦加助字之例。「一」字亦助語也。昭二十年左傳，「君一過多矣；」莊子大宗師篇，「回一怪之；」燕策，「此一何慶弔相隨之速也：」諸「一」字皆用如助語，所以配其詞也。「一」或作「壹」。禮記檀弓篇，「子壹不知夫喪之踊也；」大學，「壹是皆以修身爲本；」大戴禮小辯，「吾壹樂辯言；」成十六年左傳，「敗者壹大；」襄二十一年左傳，「今壹不免其身以棄社稷：」諸「壹」字皆助語，無意義可言，只用以配成其詞而已。而或訓爲「專壹」，或「決定」之意，俱不得其説而爲之辭。

詩瞻卬篇，「蟊賊蟊疾，靡有夷屆；」又，「罪罟不收，靡有夷瘳：」此「夷」字亦語助也。傳箋訓「夷」爲「常」，失之。昭二十四年左傳，「紂有億兆夷人，」言有億兆人也；孟子盡心篇，「夷考其行而不掩焉者也，」言考其行而不掩也。兩「夷」字並爲助語，一則人上加「夷」，一則考上加「夷」者，均所以配成其詞耳。

它如詩揚之水篇「云何其憂」之「其」，柏舟篇「日居月諸」之「居」及「諸」，越語「安與知恥」之「與」，皆因一字不成詞，加助語以配之之例。披閱往籍，若斯之類，更僕難數，約舉一隅，以待三反。

三　助語用無字例

「無」，有之對也，古今相沿，未之或易；然古人屬文，乃有用作助語者，不善讀之，則失其本義矣。詩文王篇：「王之藎臣，無念爾祖。」傳：「無念，念也。」箋：「今王之進用臣，當念女祖爲之法。」而小爾雅亦云：「無念，念也。」隱十一年左傳，「無寧茲許公復奉其社稷；」昭六年左傳，「無寧以善人爲則；」杜注幷云：「無寧，寧也。」論語子罕篇：「無寧死於二三子之手乎？」朱熹集注及馬融注幷云：「無寧，寧也。」此諸「無」字，皆用爲助語，與詩生民篇「上帝不寧」之「不」字同一用法。又中庸「莫顯乎微」。古「無」、

「莫」同音同義，小爾雅云，「無顯，顯也，」是也。

四　有草木蟲魚鳥獸同名例

草木蟲魚鳥獸，古書所釋，往往有同名者，或音轉於雙聲，或文歸於通字。如爾雅釋草中「蓧蓨」之與「苗蓨」，字相通也；「蕨攈」之與「芺芜」，音相轉也；「離南活莌」，「倚商活脫」，考之古音，亦無不相合也。它若釋草有「果蠃」，而釋蟲亦有「果蠃」；釋草有「蒺藜」，而釋蟲亦有「蒺藜」；釋鳥有「天鷄」，而釋蟲亦有「天鷄」：此同名之昭然可見者。至於釋草之「莪蘿」，與釋蟲之「蛾羅」；釋草之「葖蘆萉」，與釋蟲之「蜚蠦蜰」：皆取音相同也。又釋草有「蒢莖藸」，釋木亦有「蒢莖著」；釋木有「諸慮名山櫐」，釋蟲亦有「諸慮名奚相」；釋蟲有「密肌繼英」，釋鳥亦有「密肌繫英」。郭氏景純或疑有重出之文；不知古人命名，不嫌相假，或因其色同，或取其象類，俱未可知也。郭註以葖蘆萉之「萉」，宜改爲「菔」，失之。今本爾雅釋蟲，果「蠃」字，中不從果，從虫；而唐石經仍作「蠃」：是石經之文可信也。考釋蟲果蠃爲細腰蟲，而釋草栝樓之果蠃，亦有長而銳者。然則命名之同，兼寓象形，亦堪會意，六書之誼，胥可貫通。又釋草「茨蒺藜」，言其多刺不可近，故名「蒺藜」；而釋蟲蛆蝍之「蒺藜」，今蜈蚣也，蜈蚣亦難近，非猶乎蒺藜與？又釋草「莪蘿」，蒿屬也，其色多白；今釋蟲之「䖸羅」，䖸其色亦白矣。他若「奔星」爲「彴約」，言其星光似彴約然也；而「石杠」謂之徛，徛亦云「略彴」，是石杠之横水而過，亦猶乎奔星之如水而流，故同有彴名。釋山：「獨者蜀，」「蜀」，爲蟲名，獨行而無匹，山亦假借其名。釋草「戎葵」之爲「蜀葵」，釋畜「大鷄」之爲「蜀鷄」，同一取義。若夫「籧篨」爲竹席之名，而口柔之人，亦名「籧篨」；「戚施」爲「詹諸」之稱，而面柔之人，亦稱「戚施」，斯幷人亦假物以爲呼矣；又何疑草木蟲魚鳥獸之同名哉！見經義叢鈔。

五　有叶韻之字而後人誤讀之例

書洪範篇：「無偏無頗，遵王之義。」「義」從古文作「誼」。唐玄宗開元十四年詔書，以「頗」與「誼」不協，肊改經文爲「陂」；詎知「誼」從「宜」得聲，「宜」本作「㝖」，從「多」聲，正合古音。即使依今文作「義」，而「義」古音「莪」，從「我」得聲，與「頗」字固無不叶也。（參看簡朝亮尚書集註述疏及錢大昕十駕齋養新錄卷一）昧者不達，泥於今音而讀古書，誠可哂已。顧炎武音論答李子德書，亦頗多論及。

詩國風篇：「揚之水，不流束蒲，彼其之子，不與我戍許。」束蒲，陸德明經典釋文云，「如字，毛云草也；」孫毓云，「蒲草之聲，不與戍許相協。」按：「許」國古作「𨟠」，隸變作「鄦」，說文：「𨟠，炎帝大嶽之胤，甫侯所封，在潁川，讀若『許』，」是其證。𨟠今通假作「許」，從𣞤聲，正與「蒲」爲韻，若孫氏之說，是不知古音者矣。

詩小雅篇：「式夷式已，無小人殆。」陳奐云：「『殆』，讀『始』，與『仕』、『使』、『子』，韻也。」（見毛詩音）而釋文則音「待」，是與上文之「仕」、「子」、「已」三字不協矣。蓋古音之不講，唐人已然。

詩邶風篇雄雉云：「百爾君子，不知德行；不忮不求，何用不臧！」此「德行」之「行」，後人皆誤讀若「杏」，與「臧」不叶。按：「行」音「杭」，與臧韻叶，凡「德行」及「行列」，古人皆讀平聲，非若後世之分析繁碎。顧炎武唐韻正錄至數百事，並無讀去聲者，此其明證也。俞樾谷風篇黽勉怨爲韻說（見詁經精舍自課文），亦可例此。

六　句中用韻例

陳奐云：「古人用韻之例，自不徒施於句末也，隨處有然。」見毛詩音。斯言也，證諸經傳而益信矣。詩召南篇：「喓喓草蟲，趯趯阜螽。」此不特「蟲」與「螽」韻，「喓喓」「趯趯」一韻也，「草」「阜」亦一韻也，此句中用韻之例也。錢氏養新錄云：「周南『于嗟麟兮』句，似無韻，實與章首『麟之趾』相應，以兩麟字爲韻也。召南：『于嗟乎騶虞，』『乎』與『虞』韻。秦風，『于嗟乎不承權輿，』『乎』與『輿』韻。鄘風，『期我乎桑中，要我乎上宮，』『中』與『宮』韻，『桑』與『上』亦韻也。邶風，『有瀰濟盈，有鷕雉鳴，』『盈』與『鳴』韻，『瀰』與『鷕』亦韻也。唐風，『角枕粲兮，錦衾爛兮，』『粲』與『爛』韻，『枕』與『衾』亦韻也。大雅：『文王曰咨，咨女殷商，』二句似無韻，而『王』與『商』，『文』與『殷』皆韻，『咨』、『咨』亦韻，不必在句尾也。魏風，『父曰嗟予子行役，母曰嗟予季行役，兄曰嗟予弟行役，』『子』與『已』、『止』韻，『季』與『寐』、『棄』韻，『弟』與『偕』、『死』韻，此韻不在句尾也。」錢氏之說，亦云詳矣。

披閱往籍，句中用韻，層見疊出，又自不獨詩爲然也。莊子人間世篇引楚狂接輿曰：「天下有道，聖人成焉；天下無道，聖人生焉；方今之時，僅免刑焉。」三「焉」字韻，「成」、「生」、「刑」韻，兩「道」字韻，兩「聖人」韻，兩「天下」亦韻。又曰：「已乎已乎，臨人以德；殆乎殆乎，畫地而趨。」「德」與「趨」韻，「已」與「殆」，讀若始，證見前。「地」、

「趨」、「德」亦韻，兩「已」字句中韻，兩「殆」字句中韻，四「乎」字又韻。又曰：「迷陽迷陽，无傷吾行；吾行卻曲，无傷吾足。」「陽」與「傷」、「行」韻，「曲」與「卻」、「足」韻，「迷陽」與「迷陽」韻，「无傷」與「无傷」韻。史記淳于髡傳：「甌窶滿篝，汚邪滿車；五穀蕃熟，穰穰滿家。」此四句不特「車」與「家」韻也，「甌窶」與「篝」韻，「汚邪」與「車」韻，「穀」與「熟」韻，「蕃」與「滿」韻，「穰穰」重文亦韻，「五」與「車」、「家」亦韻，幾無一字不叶韻矣。左傳讒鼎之銘：「昧旦丕顯，後世猶怠，」「昧」與「丕」，「旦」與「顯」，「後」與「猶」，「世」與「怠」，俱韻也。

七　註經用韻例

古人註經，亦多用韻，固不僅作詩然也。爾雅釋訓：「子子孫孫，引無極也；」「顒顒卬卬，君之德也；」「丁丁嚶嚶，相切直也；」「藹藹萋萋，臣盡力也；」「噰噰喈喈，民協服也；」「佻佻契契，愈遐急也；」「宴宴粲粲，尼居息也。」每句第七字皆用韻也。說文，「天，顚也，」「吏，治人者也：」「天」、「顚」疊韻，「吏」、「治」亦疊韻。又，「帝，諦也；」「旁，溥也；」「帝」、「諦」疊韻，「旁」、「溥」雙聲亦韻。又，「神，天神引出萬物者也；」「祇，地祇提出萬物者也；」「神」、「引」疊韵，「祇」、「提」疊韵。諸如此類，說文中更僕難數，此皆注經用韻之例也。參看鄧廷楨說文雙聲疊韵譜。大戴禮記載孝昭冠辭云：「以承皇天嘉祿……秉集萬福之休靈，始加昭明之元服。推遠穉免之幼志，崇積文武之寵德。」「祿」與「服」、「德」韵，是西漢人且旣協用之矣。見經義雜記。

八　二聲相近二義相通而字亦相通例

周語：「而或專之，其害多矣。」史記周本紀「或」作「有」。蓋「或」字古讀若「域」，「有」字古讀若「以」，說見唐韻正，二聲相近，故曰：「或之言有也。」聲義旣相通，則字亦相通。說文：「或，邦也，从口，戈以守一，一，地也，或从土作域。」詩玄鳥，「正域彼四方。」傳，「域，有也。」「域」之訓爲「有」，猶「或」之訓爲「有」也；「或」之通作「有」，猶玄鳥之「奄有九有」，韓詩作「九域」也。又，「或」猶「又」也。詩賓之初筵，「旣立之監，或佐之史，」言又佐之史也。韓詩「又曰」作「或曰」，「或」古又讀若「異」，說亦見唐韵正。二聲相近，故義相通，而字亦遂相通矣。

周禮冬官考工記篇：「矢人前弱則俛，後弱則翔。」唐石經「俛」作「勉」。漢碑「黽勉」多作「僶俛」。陸機文賦：「在有無而僶俛。」李善注引詩：「何有何無，僶俛求之。」漢書谷永傳：「閔免遁樂。」師古注：「閔免，猶黽勉也。」而孔穎達左傳衰冕疏、賈公彥儀禮士冠禮周禮弁師疏則並云：「冕，俛也。」據此，則「俛」之與「勉」，「黽勉」之與「僶俛」，「閔免」之與「黽勉」，「冕」之與「俛」，皆因其聲音相近，故義與字亦互通。

莊子在宥篇：「而百姓求竭矣。」「求竭」雙聲語，猶上文言「爛漫」爲疊韵語也。「求竭」卽「膠葛」，今作「糾葛」。楚辭遠遊篇：「騎膠葛以雜亂兮。」王逸注：「參差駢錯而縱橫也。」廣雅「膠葛」又訓作「驅馳」，是有行列紛糅之意。此「求竭」亦同義。「求」與「膠」古同聲，王制「養國老於東膠」注，「膠」或作「絿」，是其證。竭、葛皆从曷聲，故「求竭」得借爲「膠葛」也。

書呂刑：「泯泯棼棼。」「泯」之與「湎」，「棼」之與「紛」，聲相近也。漢書敍傳：「風流民化，湎湎紛紛。」論衡寒溫篇：「蚩尤之民，湎湎紛紛。」「湎湎」卽「泯泯」，「紛紛」卽「棼棼」，聲相近，義相通，而字亦相通矣。

禮記郊特牲：「肵之爲言敬也。」釋文：「肵音祈」。今考說文無肵字，當與祈同。祈亦敬也，書召誥，「祈天永命，」言敬天永命也。「肵」「祈」聲近義通，字亦相通。

九　二形相似二聲相近而義亦相通例

露，敗也。昭元年左傳曰，「勿使有所壅閉湫底以露其體，」言勿使有所壅閉湫底以敗其體也。逸周書皇門解曰，「自露厥家，」言自敗厥家也。管子四時篇，「國家乃路；」呂氏春秋不屈篇，「士民罷潞；」莊子天地篇：「無落吾事。」所謂「路」，所謂「潞」，所謂「落」，亦俱言敗也。說詳章氏莊子解故。按：露、路、落、潞四字，形聲俱近，故義亦相通也。

莊子人間世篇：「死者以國量乎澤若蕉。」王先謙集解引廣雅：「蕉，黑也。」說文：「蕉，生枲也。」此蕉之本誼也。然郭嵩燾云，「蕉與焦通。」故「蕉瘁」班固作「焦瘁」，左傳又作「蕉萃」，成九年左傳：「雖有姬姜，無棄蕉萃。」孟子及國策則作「憔悴」，孟子：「民之憔悴於虐政。」國策：「顏色憔悴。」玉篇更作「顦顇」，而俱用爲形容困苦或枯槁之意。蓋二形相似二聲相近之字，古人往往通用，不必強爲區別也。

「陽」借爲「場」。說文：「場，祭神道也。」釋宮：「場，道也。」場古讀若唐，「唐」古文作「啺」，與「陽」、「場」皆从昜聲，故釋宮「廟中路謂之唐。」詩傳：「唐，堂塗也。」

章炳麟云：「道、塗、場三字，雙聲而同義。」見莊子解故。然則莊子人間世篇所云，「迷陽迷陽，无傷吾行，」迷陽者卽迷場也，猶言迷塗也。按：陽、場、暘三字，形聲相近，故義亦相同也。

襄二十七年左傳：「以誣道蔽諸侯，罪莫大焉。」正義引服虔曰：「蔽，踣也，一曰罷也。」釋文云：「服虔、王肅、董遇竝作弊，」是蔽、弊同也。范宣子曰：「諸侯道敝而無成，能無貳乎？」錢氏十駕齋養新錄解云：「與此傳同義，謂諸侯兼事晉、楚，則罷於奔命也。」據此，則蔽、弊、敝三字，亦因其形聲相通，故義亦相通也。

十一　有雙聲之字連用不得分爲二義例

易說卦篇：「坎爲水，爲溝瀆。」周禮秋官司寇篇：「雍氏掌溝瀆澮池之禁。」鄭注云：「溝、瀆、澮田間通水者也。」賈疏云：「瀆，亦田間通水者。」說文云：「溝，水瀆。」又云：「瀆，溝也。」按：溝、瀆雙聲字，不得區分二義。

周禮天官小宰篇：「正歲則以灋警戒羣吏。」書大禹謨篇：「益曰：『吁，戒哉！儆戒無虞。』」「警戒」與「儆戒」同。說文云：「警，戒也。」而「戒」亦訓「警」。按：警、戒雙聲，其義一也。

楚辭離騷篇：「曾歔欷余鬱邑兮，哀朕時之不當。」說文云：「歔，欷也。」「欷」亦訓爲「歔」。按：歔、欷亦雙聲字之連用，不得分訓。

說文云：「一歲豵尙叢聚也。」又云：「叢，聚也。」而「聚」亦訓「叢」。叢、聚，雙聲也，義同。

史記項羽本紀：「悲歌忼慨。」說文云：「忼，慨也。」「慨」亦訓「忼」。「忼慨」雙聲，言高亢憤激也。

它若「踰越」、「詰詘」、「緊急」、「號呼」、「滌盪」、「貪饕」、「宦養」、「通達」、「宋慕」、「伶弄」、「邱虛」、「屛蔽」、屛蔽同。「潛藏」、「疆界」、「斟勻」，俱爲雙聲字，在古書中往往連用，其義無別；淺人強爲區分，皆多事也。

十一　有疊韻之字連用不得分爲二義例

襄八年左傳：「焚我郊保，馮陵我城郭。」杜注曰：「馮，迫也。」王念孫曰：「馮，亦陵也，馮陵疊韻，不得分爲二義。」又襄十三年左傳：「君子稱其功，以加小人；小人伐其技，以馮君子。」杜注曰：「加，陵也；馮，亦陵也。」爾雅：「馮河，徒涉也。」詩小雅篇：「不敢馮河。」毛傳曰：「馮，陵也。」正義曰：「陵波而渡，故訓馮爲陵。」此皆足申王氏之說。又周官大司馬：「馮弱犯寡，則眚之。」鄭注曰：「馮，猶乘陵也。」按：「馮陵」、「乘陵」俱疊韻，不得分爲二義。王氏經義述聞略同。

閔元年左傳管仲之戒齊桓曰：「宴安酖毒，不可懷也！」說文曰：「宴，安也，」「安」「宴」古通。按：宴、安亦疊韻，不宜分訓。

史記武帝本紀：「是歲天子始巡郡縣，侵尋於泰山矣。」封禪書作「浸尋」，漢書郊祀志作「寖尋」，文選風賦作「侵淫」，李善注云：「漸進也。」說文云，「侵，漸進也。」按：侵尋疊韻，尋淫疊韻，浸尋疊韻，寖尋亦疊韻，俱同義，不得分訓。

詩民勞篇：「無縱詭隨，以謹無良。」傳曰：「詭人之善，隨人之惡者，以謹無良，愼小以懲大也。」正義曰：「無良之惡，大於詭隨，詭隨者尚無所縱，則無良者謹愼矣。」按：經義述聞云：「詭隨，疊韻字，不得分訓。詭人之善，隨人之惡，詭隨，卽無良之人，亦無大惡小惡之分。詭隨，謂譎詐謾欺之人也。」王說是也，傳與正義俱失之。

它若「傀偉」、「俾益」、與埤益、裨益同。「完全」、「傴僂」、「匍伏」、「逸失」、

「怪異」、「愴傷」、「氾濫」、「排擠」、「貪婪」、「綢繆」、「光明」、「照耀」、「展轉」、「光昌」、「團圓」、「諷誦」、「局促」、「禱告」，俱爲疊韻，在經傳中連用，其義一也。

十二　補倒文成句例

莊子應帝王篇曰：「且鳥高飛，以避矰弋之害；鼷鼠深穴乎神丘之下，以避熏鑿之患，而曾二蟲之無知。」按：「而曾二蟲之無知，」倒文成句也。釋詁云：「知，匹也。」詩檜風篇云：「樂子之無知。」箋云：「樂其無妃匹之意。」「而曾二蟲之無知」，猶言不能妃匹二蟲也。

論語爲政篇曰：「道之以政，齊之以刑，民免而無恥。」集注云：「道，引導；齊，所以一之也。」按：「道之以政，齊之以刑，」猶言設爲政令以化導之，設爲刑罰以整齊之也。此亦倒文成句之例。下文接云，「道之以德，齊之以禮，」與此同。

禮射義：『發而不中，則不怨勝己者，求反諸己而已。』據唐石經。王念孫曰：『求反諸己，文義不順，蓋涉上文求正諸己而誤也。』愚按：王說非也，求反諸己，猶言反求諸己，倒文成句也。

昭十三年左傳：「我之不共，魯故之以。」杜註云：「不共晉貢，以魯故也。」愚按：「魯故之以」，猶言因魯之故，倒文成句也。

漢書鄭吉傳：「中西域而立莫府。」師古註云：「中西域者，言最處諸國之中，近遠均也。」愚按：「最處諸國之中」者，言處諸國之最中也；「中西域而立莫府」者，言處西域之最中而立莫府也。傳與註俱倒文。

漢書周亞夫傳：「上視而笑曰：『此非不足君所乎？』」師古註云：「帝言：賜君而不設箸，此由我意，於君有不足乎？」愚按：此「非」字，猶云「豈」也。「不足」、不副其意也。君謂亞夫；「不足君所」，倒文成句也，言此地豈君不足之所乎？本劉淇說。

水經云：「呂望行年五十，賣食棘津。」愚按：「行年」猶云「年將」，倒文也。乃或訓爲「年歲流行」，此惟後世推祿命者有是言，古無之也。

閔元年左傳：「爲吳太伯，不亦可乎？猶有令名，與其及也。」愚按：「與其」，反設之辭。傳先云「有令名」，後云「與其及」者，倒文也。

書盤庚：「各設中於乃心。」王引之云：「各設中於乃心者，各於汝心求合中正之道也。」經義述聞。此亦倒文成句也。

十二 補語詞複用例

古人用助語，有兩字同義而複用者，俞書既發其端緒矣，今更詳爲證之。

史記平準書：「故吏皆通令伐棘上林。」愚按：貨殖傳，「交易之物，莫不通得其所。」通，猶皆也，「皆通」連文，語詞之複用也。

水經注：「雖千古茫昧，理世玄遠，遺文逸句，容或可尋。」愚按：容，或也；「容或」複用。

漢書項籍傳：「今將軍爲秦將三歲矣，所亡失既數十萬數，而諸侯並起茲益多。」愚按：此「茲」字與「滋」通，益也；「茲益」複用。

史記燕世家：「齊城之不下者，獨唯聊、莒、卽墨。」越世家：「吳國精兵從王，唯獨老弱與太子留守。」愚按：「獨唯」「唯獨」，並複用。

宋文帝與江夏王義恭書：「宜應慨然立志，念自裁抑。」愚按：宜，應也。「宜應」複用。

吳志大帝傳：「性多嫌忌，果於殺戮，暨臻末年，彌以滋甚。」聖教序：「彌益厚顏。」

顏師古漢書敍例：「傳寫既多，彌更淺俗。」愚按：「彌滋」、「彌益」、「彌更」，並複用。又家語：「三命滋益恭。」滋，益也，亦同。

荀子王霸：「如是則舜、禹還至，王業還起。」楊倞註云：「還，復也。」而世說新語：「時人卽以王理難裴，理還復申。」是以「還復」連文矣。

史記平準書：「初先是往十餘歲。」劉淇云：「初先是者，重言也；往，亦先是之辭。」助字辨略。據此，則「初先是往」，竟複用四字矣。

詩國風：「方將萬舞。」水經注：「穆王觀圖，方乃導以西邁矣。」孟子滕文公篇：「周公方且膺之，子是之學，亦爲不善變矣。」此「方將」、「方乃」、「方且」，皆複用也。又楊惲報孫會宗書：「方當盛漢之隆，願勉旃，毋多談！」後漢書劉盆子傳：「謂盆子曰：『自知當死不？』對曰：『罪當應死。』」此「方當」、「當應」亦同。

後漢書南蠻西夷傳：「若乃文若之所沾漸，風聲之所周流，幾將日出入處也。」「幾」，猶「將」也。

漢書宣帝紀：「尤樂杜、鄠之間，率常在下杜。」此言杜、鄠帝所最樂，而大率又常在下杜也。愚按：「率」，猶云「往往」，則「率」亦「常」也。又于定國傳：「率常丞相議可。」韓退之柳子厚墓誌：「率常屈其座人。」並同一用法。又水經注：「河水南逕北屈縣故城西十里……風氣蕭瑟，習常不止。」「習常」即「率常」，亦複用。

漢書平帝紀：「其歷職更事有名之士，則以爲難保。」師古註：「難保者，言已嘗有罪過，不可保也。」賈誼傳：「夫嘗已在貴寵之位，天子改容而禮貌之矣。」按：「已」，既也；「既」，曾也；嘗，廣韻云：「曾也。」「已嘗」、「嘗已」，並複用。

按：後漢書郭林宗傳：「賈子厚誠實凶德，然洗心向善，仲尼不逆互鄉，故吾許其進也。」愚按：「實」，猶誠也，複用。今人引此，多省「實」字，不知古人爲文，無意琢鏤，間有繁重，益形古茂，不足爲病也。

昭二十六年左傳：「周其有髭王，亦克能修其職。」後漢書竇融傳：「豈其德薄者所能克堪？」愚按：顧氏日知錄云：「克，即能也。」「克能」、「能克」，並複用之詞。

漢書賈誼傳：「天子春秋鼎盛，行義未過，德澤有加焉，猶尙如是。」愚按：顧氏日知錄云：「尙，即猶也。既言猶，又言尙。」又詩魏風陟岵：「上愼旃哉！猶來無止。」愚按：「上」與「尙」同，庶幾也。「猶來」，亦「庶幾」也。

詩國風：「無已太康。」愚按：毛傳云：「已，甚也」。正義云：「已，訓止也。物甚則止，故已爲甚也。」顧氏日知錄云：「已，卽太也。既言已，又言太。」又史記倉公傳：「卽嘗已爲人治診病，決死生有驗。」愚按：「嘗」，曾也；「已」，嘗也。

史記秦本紀：「遂復三人官秩如故，愈益厚之。」愈，亦益也。

魏志夏侯玄傳註：「豐爲中書二歲，帝比每獨召與語，不知所說。」愚按：「比」，頻也，猶「每」也。「比每」複用。

莊子逍遙游：「而後乃今培風。」又：「而後乃今將圖南。」韓非說難：「大忠無所拂辭，悟言無所擊排，乃後申其辨知焉，此所以親近不疑。」漢書敘傳：「囂問彪曰：『往者周亡，戰國並爭，天下分裂，數世然後乃定。』」吳志張紘傳：「自古帝王受命之君，……亦賴武功以昭其勳；然而貴於時動，乃後爲威耳。」凡此「而後乃」，「然後乃」，「乃後」，並是複用。

漢書王莽傳：「今阸會已度，府帑雖未能充，略頗稍給。」愚按：「略」，卽「頗」也；「頗」，卽「稍」也：此以三字爲複用矣。又，燕王劉澤傳：「今呂氏雅故，本推轂高帝就天下。」愚按劉淇云：「雅是推原平素之辭，故服訓『故』也。」助字辨略。劉說是也。既云「雅」，又云「故」，亦複用。又，原涉傳：「大郡二千石死官，賦斂送葬，皆千萬以上，妻子通共受之。」「通」，猶「共」也。

史記魯仲連傳：「亡意亦捐燕棄世，東游於齊乎？」愚按：「亡」，亦疑辭。既言「亡」，又言「意」。

世說新語：「……如是減半，遂至一匹，既終不受。」「既」與「終」俱訓「已」。

荀子正論：「今俳優侏儒狎徒詈侮而不鬬者，是豈鉅知見侮之爲不辱哉？」史記張儀傳：「蘇君在，儀寧渠能乎？」下註云：「渠音詎。」索隱云：「古字少，假借耳。」漢書高帝紀：「沛公不先破關中兵，公巨能入乎？」師古註云：「巨讀曰詎，詎，猶豈也。」然則「豈鉅」、「寧渠」，亦複用矣。

史記陳涉世家：「卒買魚烹食，得魚腹中書，固以怪之矣。」蘇秦傳：「不待發於遠縣，而臨菑之卒，固已二十一萬矣。」此「固」字猶「既」也，「已」也。「固以」即「固已」。

荀子議兵：「慮率用賞慶刑罰埶詐。」「慮」，猶「率」也。

書召誥：「曷其奈何弗敬！」「曷其」、「奈何」亦複用。

顏氏家訓勉學：「人生在世，會當有業。」「會」，猶「當」也。

史記衞霍傳：「最驃騎將軍去病，凡六出擊匈奴。」索隱云：「最，凡，計也。」愚按上云「最」，下復云「凡」者，複用也。

世說新語：「潘云可作耳，要當得君意。」吳志華覈傳：「軍興已來，已向百載。」史記老莊傳：「大抵率寓言也。」詩大雅：「借曰未知，亦聿既耄。」漢書高帝紀：「後九月。」師古註云：「據漢書表及史記，漢未改歷之前，迄至高后、文帝，屢書後九月。」愚按：「要當」、「已向」、「大抵率」、「亦聿」、「迄至」：並複用之詞。

書召誥：「越若來三月。」漢書律歷志引此作「粵若來三月」。書洪範則作「曰若稽古帝堯」。愚按：「越若」、「粵若」、「曰若」，古通，並爲語詞之複用者。

漢書張釋之傳：「有如萬分一，假令愚民取長陵一抔土。」「有如」、「假令」，並若或之詞，複用也。又史記馬服君傳：「卽有如不稱，妾得無隨坐乎？」「卽」，亦假令之詞，猶「有如」也。

王延壽靈光殿賦：「非夫通神之俊才，誰能剋成乎此勳？」愚按：「剋」與「克」同，能也，亦複用。

史記孔子世家：「譬使仁者而必信，安有伯夷叔齊？」「譬」，猶「使」也。

詩國風：「薄言采之。」毛傳云：「薄，辭也。」正義云：「時邁云：『薄言震之。』

箋云：『薄，猶甫也；甫，始也。』有客曰：『薄言追之。』箋云：『王始言餞送之。』」愚按：毛說是也。「薄」，辭也；「言」，亦辭也。

史記外戚世家：「太后業已許其行酒，無以罪也。」劉敬傳「是時漢兵已踰」句註，「二十萬兵已業行。」「已業」、「業已」，複用。

孟子公孫丑篇：「管仲且猶不可召。」論語先進：「比及三年，可使足民。」愚按：「且」，亦「猶」也；「比」，亦「及」也；「且猶」、「比及」，並複用。

十四　補美惡同辭例

葉大慶考古質疑云：「寧馨兒……平聲去聲皆通，而美惡亦皆可用。」葉說是也。唐劉夢得贈日本僧知藏詩云：「爲問中華學道者，幾人雄猛得寧馨？」此以「寧馨」爲美男子也。晉書王衍傳：「何物老嫗，生寧馨兒！然誤天下蒼生者，未必非此人也！」南史：「宋王太后疾篤，使呼廢帝，帝曰：『病人間多鬼，那可往！』太后怒，謂侍者取刀來割我腹，那得生寧馨兒！」吳虎臣漫錄引。此並以「寧馨兒」爲不佳，故山濤、王太后皆以此詆叱之也。

十五　補句中用虛字例

說文犬部猴下曰：「夒也」；夊部夒下曰：「獸也，一名母猴；」爪部爲下曰：「母猴也；」犬部玃下曰：「大母猴也。」是「猴」「夒」「玃」「爲」，而皆可目爲母猴。母猴一曰沐猴。漢書項羽傳：「楚人沐猴而冠。」一曰獼猴。樂記註：「獶，獼猴也。」獶即夒之別體也。陳立云：「沐獼皆母之轉音，母非猴名，母其呼猴者之語詞也。長言之曰母猴，短言之則曰猴，猶越之名『於越』，吳之名『句吳』也。故夒下曰母猴，猴下則曰夒，轉註爲訓，物名已晰。蓋夒下曰一名母猴，猶曰一名猴也；豰下曰食母猴，猶曰食猴也。」句溪雜箸卷一。愚按：陳氏此說，得其微指矣。邵氏爾雅疏謂沐猴老者爲玃，故許氏以玃爲母猴，是直以母解作父母之母，失其本義矣。抑考爾雅鳥獸多以父母字爲語詞，如「䴥父麠足」，即䴥麠足也；「玃父善顧」，即玃善顧也；「鴽鴾母」，即鴽鴾也。不獨此也，「隹其鳺鴀」，即隹鳺鴀也；舍人云，隹一名夫不，見左疏。「鸒斯鵯鶋」，即鸒鵯鶋也；「威夷長脊」，即夷長脊也。夷，說文作虒，廣韻：虒，似虎有角。蓋方音緩急，故呼謂殊異，必求其義以釋之，則鑿矣。

（全書完）